誰是你
最好的教練

37.8倍 的複利創造永續附加價值

陳文城 ｜ 著

提問領域的來龍去脈

　　專科畢業後，父親提供兩百萬做為創業基金，讓我在家鄉從事養殖業，生意興隆，兩年內就賺了百來萬。當時才20多歲，比起其他專科同學都還在騎著摩托車風吹雨淋，四處奔波，我已開著進口轎車到處兜風。

　　常人皆說「年少得志大不幸」，這句話說得真有道理。年輕人一旦沒有吃過苦，志得意滿一點成就變得野心勃勃，本業收入已無法滿足迷失的心。當時台灣股市開始飆漲，投資股票變成全民運動，於是我帶著這百來萬與貪婪進入股市，開啟了股海翻騰的人生。

　　但我哪裡懂得投資，很快就連本帶利賠光了，不具專業的投資根本就像是賭博。人性就是如此，輸光了當然不甘願，一心想要翻本，於是開始融資，繼續在股市裡殺進殺出，最後虧損了將近兩千萬，形同破產。

　　父親賣了一塊地幫忙還掉一部分債務，同時告訴我：他

能給我的就是這些了，以後我再也沒有繼承其他土地的權利。至於剩下的近千萬債務，我暫時還不出來，只好離開鄉下到大都市來尋求東山再起的機會。

民國 79 年，我買了這輩子第一張壽險保單。沒想到，這張保單卻讓我峰迴路轉，人生道路的風景從此截然不同。

然而，那位壽險業務員還真是神通廣大，居然找得到我！他說我的財務雖然破產，平時的為人處事，個人信用方面卻還不錯，或許可進入壽險業跟著他從事業務工作。於是我在他的引薦下進入壽險業，至今已歷經 29 個寒暑。

我很好奇，為何他覺得我的個人信用不錯？原來，當年拿保單來找我簽收時，必須跑一趟不算短的路程，所以他希望我介紹幾名朋友給他，讓他有機會順便開發業務。我找了三名朋友前來，他居然當場就成交了其中兩名。

這件事讓他覺得我做人成功、信用良好，明明已經破產了，朋友竟然還願意相信我的引薦，向他購買保單。既然具備這種令人信任的特質，他相信壽險業務工作對我而言應該不難。

當時我也覺得，若有一顆大樹讓我庇蔭，應該有機會慢慢償還債務。所以，我決定認真做這份工作，一步一腳印將

失去的財富賺回來。

做業務一定要會表達

小學時，我曾被老師指派參加演講比賽。雖然比賽規則允許參賽者忘詞時看稿，我還是認真準備，把稿子背得滾瓜爛熟。

但我實在太緊張了，準備了五分鐘講稿，一分鐘後就天旋地轉開始忘詞。更慘的是，我緊張到忘記可以看稿，根本沒想到拿出稿子，結果後面四分鐘腦袋中一片空白，就這樣愣在台上，不知如何是好。這段經驗對我的傷害太大了，從此不敢上台說話，也不敢主動表達自己的意見，永遠是個沉默的二楞子。

這樣的陰影直接影響到我的壽險業務工作。業務員不會溝通又不善表達，豈不是死路一條？話雖如此，剛進入壽險業的前兩年，我的業績卻出奇好得令人訝異。

帶我入行的業務員說對了，我的個人信用真的很好。即使欠了那麼多錢，卻因為長期以來做人實在，也願意勇敢面對債務，勤奮跑業務，所以朋友們都願意挺我，向我購買保單。當時我的確將緣故市場開發得很好，家人也都很支持，

希望我在重重摔跤後再次爬起來。

許多業務員剛踏入保險業都得不到家人諒解，甚至遭到家人強烈反對，我能體會那種酸楚；相較之下，我很幸運，家人願意全力支持。

然而，我也很清楚地意識到，不能永遠停留在緣故市場，因為人脈總有用完的一天；不過，只要踏入轉介紹及陌生開發市場，甚至往上接觸高資產客戶，拙於表達與溝通絕對是我的死穴。因此，我必須趕緊思考如何轉型，提升自身的業務技巧與成交能力。

我開始大量閱讀書籍，發現了一個看似平凡卻十分關鍵的道理：「擅長提問」一定是頂尖業務員的必備能力。恰好公司在這個時間點開設了教育訓練課程，教我們如何提問；而我也因業績不錯被挑選為培訓講師，當時入行僅僅兩年。

說真的，我不太會交際應酬，更不擅長噓寒問暖，喜歡看書與獨處，能不說話就盡量不說話，這樣的個性其實不適合業務工作。然而，既然當了業務員，就要找到源源不絕的潛在客戶，所以我一直在思考如何話說得少卻依然能成交。學習提問技巧的起心動念就是這樣產生的，20多年來，我始終將提問技巧運用在銷售中，成效卓越。

這就是我接觸提問領域的來龍去脈，也是出版這本書的主要原因。人生實在太奇妙了，若非年少得志得意忘形，進而沉迷股海負債累累；若非為了領取保險金而動念投保，卻又赫然發現投保兩年內自殘不理賠，想走都走不了，我就不會因緣際會踏入壽險業。而且，假如沒有國小時期參加演講比賽的巨大挫敗陰影，或許我不會一頭栽入提問領域，醉心學習提問技巧，更別說有機會把多年所學付諸文字了。

壽險事業的銷售導航系統

3QSCC

俗話說：活到老學到老，打從呱呱墜地開始，人類就一直不斷在學習表達，是地球上唯一可以靠著語言情緒表達說話的動物。而且，每個人說話習慣，可以組成一套自我的邏輯，形成長大後與眾不同的溝通模式。我在壽險業工作這麼久，見識過許許多多業務員，發現大多數業務員常善用自己所長，見到客戶開始說個不停，說這商品好，說那商品好，試圖運用教育訓練學來的語言說服客戶購買，十個有八個如此，其實這樣反而成為銷售上無形的盲點。各位有沒有想過，當你一開始就對著一位完全不清楚能力、習慣、背景的客戶滔滔不絕、口沫橫飛時，客戶真的有聽進去嗎？

殘酷的事實是，客戶雖然面帶笑容，點頭如搗蒜，但內心不代表認同你，更多時候是在敷衍你，希望業務員趕緊說完了盡速離開。因此，想要瞭解客戶真正的想法、探詢客戶是否認同，絕對不是「一直說不停」，適時向客戶提出問句，會是你在行銷中之所以能夠貼近客戶的想法，以及順利成交非常重要的關鍵。寫這本書的目的，就是帶領大家學習提問技巧，依照書中的原則反覆練習，成交的保單金額就會越來越高，複利效果就會出現。

基於這樣的想法，我將書名的副標定為「提問的複利」。一般而言，壽險業務員習以為常的作業方式是「單利模式」：保險公司推出一種新商品，業務員熟記商品特色，然後向客

戶推銷；日後推出另一種新商品，還是重複這樣的模式。說真的，只要永遠重複同樣的模式，個人專業就無法成長，時間價值就無法提高，再怎麼練習都只能累積出單利效果。

然而，假設每天練習提問技巧可以增加 0.01 的價值，經過 365 天的相乘，一年下來就能增加 37.8 倍的價值，這可是相當強大的複利效果。因此，假如你的時間價值原本是一小時一百元，我期勉你日後讓它變成一小時一萬元；但是這段演變過程不會憑空出現，而是需要大量練習。現在練習的所有技巧，都是將來要運用出來的；而你面對眼前這位客戶時演練的所有技能，都會實際運用在下一位客戶身上。

人們常以「日起有功」來勉勵他人，只要每天兢兢業業、奮發不懈，終會累積出一定的成績。同樣地，只要每天勤加練習提問技巧，就能「日起有功」，感受到複利的強大威力。

根據行政院主計處統計，2018 年台灣的投保率已達 249.5%。近 30 年來，壽險業的競爭越來越激烈，這是眾所周知的事實。在如此白熱化的競爭環境下，我很想要協助壽險夥伴的業務蒸蒸日上，讓他們現在和未來的壽險事業發展得更好。於是我進行了許多市場調查，再加上經年累積的市場實務經驗與帶領團隊經驗，總結出目前壽險夥伴普遍遭遇的兩大困境：一、缺乏源源不絕的新客戶。二、舊客戶無法幫忙轉介紹。

這兩種困境造成許多業務員缺乏客源、收入不穩，最後被迫離職另謀生路。而我認為，解決這兩種困境的關鍵就是：**壽險夥伴在約訪客戶前有作業守則可準備，跟客戶對談時有對談原則可依循，對談結束後也有標準檢視系統可精進。**

為什麼我如此強調「對談」？因為在這個行業中，沒有人能取代你面對客戶的能力，也很少有人能時常陪你親臨對談現場。對談現場往往最難還原，充斥著各種客戶與突發狀況，而每個業務員的節奏、經驗、能力、個性與銷售方式也大不相同。

那麼，如何判斷每一次對談都能達到預期效果？客戶願意買單固然值得高興，但是，客戶現在向你購買年繳五萬的保單，請問你如何知道這是他們真正的實力？說不定他們有能力年繳一百萬，結果你談到年繳五萬就以為功德圓滿、興奮不已，其實他們只是在試探水溫，因為他們尚未完全信任你。

現代社會的資訊管道暢通且多元，尤其是屬於網路世代的準客戶，對談結束後立刻上網查詢相關資料，確認你提供的資訊與觀念是否正確；若有任何差錯，很抱歉，下次應該就沒有機會見面了。所以，如何確定對談結束後，客戶還願意給你再次見面的機會？如何取得客戶的信任，讓他們成為

你的忠實客戶，保費預算全盤交給你規劃？這些都是相當重要的課題。

　　這本書提供了相當重要的依循工具，確保每次對談都能在客戶身上創造感動。這個時代缺乏的不是汗牛充棟的商品，而是能創造感動的工具；唯有讓客戶感動，客戶才能感受到你的同理心。

　　客戶需要的不是商品，而是被瞭解；想要商品太容易了，簡直唾手可得。假如有人公告周知手上有一千萬要買保險，可想而知，一小時後會有多少業務員蜂擁而至。客戶缺乏的，是真正瞭解他們想法和需求的壽險夥伴；而我要傾囊相授的，就是創造壽險夥伴與客戶之間的高品質對談。壽險夥伴的收入取決於創造出多少次高品質對談，只要每次對談都能讓客戶印象深刻，讓他們一想到財務規劃就想要請教你，你就成功了。

　　我深深相信，想要爬出陷入紅海的商品競爭，唯一的出路就是創造讓客戶感動的高品質對談。所以，每次拜訪客戶前，一定要製作訪前規劃表；到了客戶面前，依照已備妥的訪前規劃表進行對談；對談結束後，必須盡快找個安靜地方，靜下心來檢視這次對談是否達到對談目的。沒人可取代你跟客戶對談的那種臨場感，除了客戶，你就是自己最好的教練。

很多時候，壽險夥伴聽過講師分享後深受啟發，到了客戶現場運用起來卻綁手綁腳、施展不開。所以，我想提供一套系統化流程給壽險夥伴參考，有步驟地帶領他們逐步往前走。

請各位想像一個畫面：你打算從高雄出發前往台北，開車上了高速公路，高速公路兩旁沒有路標指示，也沒有里程標示，只有一望無際的樹木和田野，請問你這時會出現哪些想法？哪些擔憂？心裡的感覺如何？

現在我們開上高速公路，兩旁都有清晰的路標指示，清楚標示目前位置與目的地距離，而且車上的導航系統也隨時精準定位，這些都讓我們安全感十足。

因此，我將這本書定位為經營壽險事業的導航系統，它匯集了我面對客戶將近 30 年的豐富實戰經驗，是我的心血結晶。

在壽險事業中，銷售流程的核心價值就是高品質對談。接著，讓我們從創造一場又一場的高品質對談開始吧！

第一章

創造令人感動的高品質對談

培養好客戶是壽險事業的起點

　　任何行業都一樣，缺乏客戶的訂單，就無法維持運作。壽險產業更是如此，若是缺乏源源不絕的新客戶，或是持續購買的舊客戶，壽險夥伴就沒有業績，前途自然一片坎坷。保險公司不是壽險夥伴永久的衣食父母，願意購買保單的客戶才是；一旦沒有新契約就等於短少收入，因為公司只是一個提供服務的平台。

　　因此，我們必須先取得一個共識：努力取得客戶的高度信賴感，尋找願意購買保單的客戶，是每一名壽險夥伴最基本且最重要的功課。

　　認同最基本且最重要的功課之後，你就會發現，培養好客戶是壽險夥伴能不能發光發熱的關鍵因素。何謂「好客戶」？第一種好客戶；就是願意無條件長久持續向你購買保單的客戶。舉例而言，一名月薪五萬的三十歲年輕人，現在只能每月拿出一萬元向你購買保險。但是他工作非常努力，職位一直往上升，薪水越來越高，只要你的專業度與服務品

質不斷進步，服務做得夠好，取得他的信任，他就會依據人生不同階段的需求持續向你購買。

根據美國壽險行銷協會的統計，每個人終其一生平均購買七張保單，繳交的保費也是一張比一張還高；然而，很少有壽險夥伴能夠從頭到尾銷售七張保單給同一名客戶。所以，能讓客戶忠心耿耿跟著你，根據人生各個階段不同的財務需求持續向你購買，你的壽險事業就會越來越好。

第二種好客戶：就是願意積極轉介紹的客戶。基於好東西必須和好朋友分享的心態，他們希望親朋好友也能享受到高專業與高質量的服務品質，就會積極介紹新客戶給你。

時間等於收入

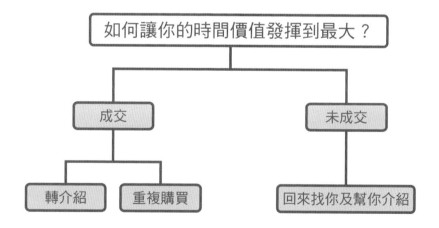

因此，如何培養愈來愈多願意持續購買且積極轉介紹的好客戶，就是成功壽險夥伴勝出的關鍵。只要讓客戶覺得，你能瞭解他們的需求，傾聽他們的想法，也能運用專業能力解決他們的問題，他們就會變成好客戶。然而，假如只會透過人情壓力或客戶不喜歡的推銷方式銷售保單，這些客戶就不容易變成好客戶，因為他們不認同你的對談方式，也不信任你，絕對不會持續購買，更別說轉介新客戶給你。

　　總之，定期檢視自己究竟有多少「好客戶」，攸關著你的壽險事業能走得多長多好。

> ★銷售金句★
>
> 不論身在壽險行業的時間多長，都會面臨一個問題：
> 下一位客戶在哪裡？

透過對談探詢客戶的需求

重點來了：既然培養「好客戶」的方法，就是透過對談瞭解客戶的購買需求，傾聽客戶的想法，運用專業能力解決客戶的問題，壽險夥伴應該如何達成這三項標準呢？

聽起來很簡單，沒什麼特別之處，卻沒有太多人能夠達成，否則為何壽險夥伴能夠屹立不搖的永遠屈居少數呢？在本書中，我就不特別說明如何充實專業了，因為這是各行各業的基本功，若是缺乏專業能力，到處都走不通。

我要分享的是：如何透過對談瞭解客戶的需求、傾聽客戶的想法？這需要在對談時刻意訓練傾聽能力，但關鍵在提問能力。不過，深入學習提問能力之前，我們必須瞭解「為什麼」：為什麼需要透過對談瞭解客戶的需求、傾聽客戶的想法那麼重要？

壽險業以往的行銷模式，大多是直接推銷商品或訴求商品功能。公司推出新商品後，通常不會探詢潛在客戶的需

求，或是與客戶手牽手共同邁向100，只是一股腦地拚命說明。

因此，很多壽險夥伴沿用傳統銷售方式，跟客戶對談時總是「說得多」，談話內容大多圍繞在商品本身的特色，或是商品本身對客戶有多少好處，而不是將對談重點放在探詢並瞭解客戶的需求。這些壽險夥伴花在「引導」的時間很少，因為他們只懂得介紹商品，不懂得如何詳細提問，當然也就不知道如何深入瞭解客戶的真正想法；花在「探詢及確認需求」的時間也不多，因為他們不明瞭客戶的想法。花費最多時間與心力的就是「促成」，想盡辦法說服客戶成交；不論客戶提出多少異議問題，就是持續重複商品的優點，忽略客戶的需求與感受，滿腦子只想著如何讓客戶點頭成交。

這就是眾多壽險夥伴業績無法年年成長的主要原因，客戶感受到的過程不是「被瞭解」，而是「被強迫推銷」。因此，有別於傳統業務行銷模式，需求導向行銷模式逐漸興起，這才是真正貼近客戶的行銷模式。

看看底下的銷售流程比較圖，就會發現兩種銷售流程的明顯差別，面積越大表示花費的時間越多。在傳統業務行銷流程中，壽險夥伴一定會說很多話，因為他花了大多數時間

在說明商品的特色、說服客戶購買。這種行銷流程的主角是商品，不是客戶的需求；客戶只會記得商品，或是比較報酬率高低，不會對壽險夥伴留下深刻印象。然而，商品到處都有，客戶幾乎不會向印象不深的壽險夥伴購買。

銷售流程比較

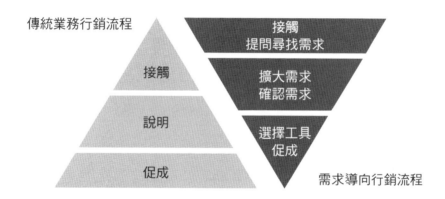

需求導向行銷流程剛好相反，壽險夥伴花費最多時間與心力向客戶提問，尋找客戶的需求與痛點，甚至擴大並確認客戶的需求，才有機會讓客戶拿出更多預算，並取得客戶轉介紹的機會。在這種行銷流程中，主角是客戶的需求與痛點，以及協助客戶找到自身財務需求的壽險夥伴。透過跟壽

險夥伴對談，客戶確認了自己的需求，也對壽險夥伴的專業
能力產生深刻印象，壽險夥伴就不必花費太多時間選擇工具
與促成，因為成交已是水到渠成之事。

　　下圖就是需求導向行銷的詳細流程，它跟傳統業務行銷
流程沒有太大的差異，都是從開發客戶開始，經過約訪與對
談，提出商品建議書說明。若是成功促成，還有後續的遞送
保單與客戶服務，再透過推薦介紹開發新客戶。

需求導向行銷流程

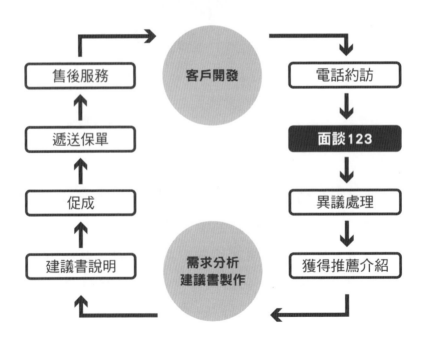

然而，需求導向行銷流程的重中之重就是「對談」，不論對談了幾次，每一次都要充分準備，讓客戶產生感動。根據美國行銷協會的統計，對於壽險夥伴而言，時間價值最高的並不是流程圖中那些瑣碎的行政作業，而是面對客戶時的對談。

　　也唯有透過一次又一次對談，才能瞭解客戶的需求、傾聽客戶的想法。

高品質對談創造銷售佳績

　　我曾經成交一位六十多歲企業家，年繳七百萬保費，總共繳交六年。成交之前，前前後後我們對談了八次，總共花了將近三十個小時，整個過程歷時半年，最後客戶決定購買時，只花了短短五分鐘選擇商品，因為他已透過一次又一次的對談確認真正的需求，知道購買這份保單可以解決長久以來擔心的問題，而這八次高品質對談也讓他安心的了解預算花在刀口上。

　　在此大略描述我跟這位客戶的對談過程：

一、第一次到第四次都是他一個人跟我對談（位置圖 0-30）。

二、第五次到第六次，客戶的太太也參與對談（位置圖 30-50）。

三、第七次是他一個人跟我對談（位置圖 50-80）。

四、第八次也是他一個人跟我對談（位置圖 80-100）。

前四次，這位高資產客戶花了許多時間觀察我是否值得信任、評估我的專業；通過他的考驗後，我在最後一次對談提出三種方案給他參考。這時他已相當信賴我，不會花費太多時間比較商品，直接問我何種方案最適合，大概五分鐘就決定了這筆總繳保費四千兩百萬的保單。成交後的第三個月，這位客戶又把我轉介紹他的企業家好友，透過三次高品質對談成交了十年期年繳三百萬的單子。

　　這就是需求導向行銷流程的特色與威力，透過一次又一次高品質對談，瞭解客戶的需求，傾聽客戶的想法。若是採用傳統業務行銷流程，壽險夥伴只會不停地解說各種方案，客戶只感受到業務員帶來無形的壓力，卻始終不清楚這些方案到底有什麼幫助。

　　因此，想要將需求導向行銷流程發揮得淋漓盡致，關鍵就在對談品質的高低，這就是我不斷強調**高品質對談**的原因。

　　我們無法決定客戶是否購買或何時購買，需求導向銷售是透過挖掘並確認客戶的需求，能讓客戶自己產生購買的念頭、自己下定決心購買，保費越高的保單越需要透過這種銷售模式來成交。傳統業務銷售則是一次又一次嘗試說服客

戶，然而，壽險夥伴越是透露迫切成交的氛圍，客戶就越是退縮與害怕，因為他們感受到壽險夥伴在對談時釋放的「被推銷」壓力。

　　客戶買單與否，我們無法決定，但我們「可以決定」每一次對談都具備高品質。仔細想想，你跟客戶對談結束後，你認為客戶會不會拿你跟其他交手過的壽險夥伴、或銀行理財專員品頭論足比較一番？你很難保證客戶只和你一人坐下來談過保險，我們一定能透過練習高品質對談能力，保證其他人的對談品質比不上你。讓你在客戶的心中建立深刻印象，只要做到這一點，就能建立專屬於你的競爭優勢，築起品牌差異超高門檻，讓客戶用 Zara 的價格就能享受到 LV 的品質。

　　此外，你也「可以決定」自己未來收入的多寡，這取決於你在銷售過程中能創造出多少次高品質對談。壽險業是實作行業，不是空談行業，需要大量練習；想要創造更高收入且贏得客戶尊重，練習次數就要更多。假如別人一年只練習三十次，而你練習了一百次，引導對談能力就會更好，創造出價值不凡的高品質對談次數只會更多，不會更少。

你的競爭力決定你的收入

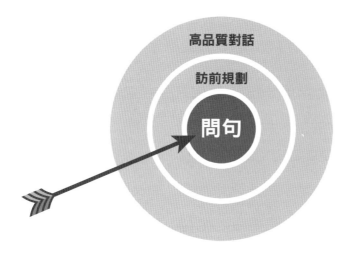

關鍵核心就是：一定要實作，依照書本內容教你的方法，到市場上跟客戶實際對談，回來檢視並修正不足之處，然後帶著修正後的結果，秉持著「沒有最好只有更好的態度」繼續拜訪客戶。

或許，不是所有壽險夥伴都如此看重高品質對談，但我真心覺得練習高品質對談非常重要，因為高品質對談能讓客戶清晰瞭解自己的財務目標，也能協助客戶達成圓滿人生。此外，在整個銷售過程中能讓客戶感受到被瞭解的尊重，而非被推銷的不快。唯有更多壽險夥伴講求高品質對談，整個

壽險業生態才能產生更好的良性循環，讓社會大眾享受到高品質的愉悅購買過程，也會對壽險夥伴產生更高的敬意，這才是客戶應該享有的服務水準。

★銷售金句★

行銷大師 Kinder Brothers 說：「每一位潛在客戶就是我們的銀行存款。」

珍惜客戶的時間價值

　　想要創造高品質對談，壽險夥伴必須在訪談前做好訪前規劃表，才能更有自信地透過對談瞭解客戶的需求與痛點。這種高品質對談不僅提供最優質的保障規劃給客戶，也是客戶應當享有的權利。

　　很多壽險夥伴不會特別留意這一點，因為他們沒有考量到客戶的時間價值。在這世上，時間是最寶貴的價值，大多數資產失去後都還有機會賺取回來；然而，時間一旦失去就覆水難收了。

　　因此，**創造高品質對談就是珍惜客戶的時間價值**，唯有珍惜別人的時間價值，別人才會反過來珍惜你的時間價值。

　　客戶的年薪若是比你還高，就表示他們的時間價值比你昂貴。具有這種身價的客戶願意跟你談話一小時，基本上是客戶損失了部分時間價值，而你賺到了。可是許多壽險夥伴跟客戶對談後沒有成交，只會抱怨客戶不買單，不會感謝客

戶願意撥出時間跟你對談，這種心態是錯誤的，我們必須做調整。

面對資產越高的客戶，越要珍惜他們的時間；假如談了老半天只會比較商品，無法展現其他專業能力，最後客戶不買單，這樣到底是誰損失？除非你讓客戶覺得跟你對談的內容，超過他原本的時間價值，否則客戶為何要浪費一個小時的時間在你身上，聽你介紹商品呢？

高資產客戶的時間非常寶貴，一旦客戶認為在業務員身上浪費過多時間，通常不會再給你下次機會。即使像我這麼重視高品質對談，也不是每次對談都能取得突破性進展，但至少都能預留再次碰面的機會；等到日後有所成長，重新約訪這些客戶，就能逐漸結出甜美果實。

當然，就算客戶目前的收入比你還低，時間價值比不上你，你也不能大小眼，同樣要珍惜他們的時間。小客戶有朝一日也可能變成大客戶，若不願真心誠意對待每一位客戶，客戶終究會離你而去。

所以我再次強調：假如壽險夥伴不懂得珍惜客戶付出的時間，對談前不願做好訪前規劃表，對談時毫無章法各自表

述，只知道推銷商品，不懂得探詢客戶的需求，客戶通常不會再給你機會了。

願意珍惜客戶的時間，努力創造對談價值，成交機率就越大，客戶願意繳交的保費也越高。大多數客戶都不會在第一次成交時，就拿出所有保險預算，而是先試試水溫；日久見人心，真到他們覺得壽險夥伴確實可靠、值得信任，才會持續購買，繳交的保費也會越來越高。

六年前，我輔導過一名壽險夥伴，千叮嚀萬囑咐，要珍惜客戶的時間價值。當時他接收了其他夥伴留下的一位客戶，雖然只是小小的醫療險保單收費件，但是他記得我的提醒，知道不能看輕客戶；即使只是年繳保費一萬元的小客戶，也要珍惜對方的時間價值，時時刻刻關懷客戶、服務客戶。原來，這位客戶擁有相當雄厚的資產，日後非常滿意這位夥伴，後來向他購買了年繳一百二十萬的保單。

這個案例印證了一件事：尊重並珍惜客戶的時間價值，不斷運用高品質的對談內容，和客戶不厭其煩的溝通、交換意見，必將獲得豐厚的回報。

★銷售金句★

◎對談時的自信，根源於訪前規劃的扎實度。

◎客戶不跟你討論他的問題時，那才是真正的問題。

◎客戶從什麼都不跟你說，到什麼都讓你知道，進而
　將所有財務資料交給你。

高品質對談的最高境界

　　讓客戶說出內心真正的想法，就是高品質對談的最高境界。而如何能達到這種出神入化的境界，**關鍵就在「提問」**。

　　當我們想要瞭解坐在面前的客戶時，應該要「說得多」還是「問得多」？我相信所有人都知道必須「問得多」，因為若是自己說個不停，完全不向對方提出問題，結果肯定是客戶收集了較多的資訊瞭解業務員，業務員反而不瞭解對方。

　　然而，這一點跟壽險夥伴的銷售現場產生了很大的衝突，因為壽險夥伴最擔心跟客戶大眼瞪小眼的「冷場」，碰到這種狀況，實在不曉得要談什麼，也不知道再找話題的內容，客戶是否感興趣。於是當壽險夥伴提出問題，但客戶卻沉默以對時，通常必須持續說一些無關緊要的話圓場，以化解彼此的尷尬。

　　從銷售角度來看，「說得多」確實沒錯，因為壽險夥伴

想要推薦自己覺得很好的商品給客戶；然而，需求導向行銷最重要的原則就是瞭解客戶，**唯有瞭解客戶的需求，才能創造高品質對談**。客戶是壽險夥伴的衣食父母，繳交保費給壽險夥伴，壽險夥伴當然要仔細聆聽客戶怎麼說。這種行銷模式跟傳統行銷模式截然不同，最重要的就是「瞭解」，透過對談過程中的提問與傾聽來瞭解客戶。

所以，想要瞭解別人，一定是問得多，不是說得多。華人社會一向習慣說得多，不鼓勵發問。從小到大，不論是學校教育或家庭教育，很少教我們如何提問，甚至要我們少問；可是，提問真的很重要。

一旦大多數人養成了「說多問少」的習慣，想要改變就頗為困難。當你跟客戶對談時，如何克制說話的欲望，如何引導客戶多說一些？如何透過提問來探詢客戶的資訊、邏輯或習性，都必須重新不斷的練習，改變原本的說話習慣。

既然讓客戶說出內心真正的想法，是高品質對談的最高境界，那我們反過來捫心自問：到底在什麼情況下，我們才會對別人說出內心真正的想法？我個人認為有以下三種情況：

一、當你感受到充分被別人瞭解時，覺得那個人就像知音。

二、當你內心被別人打動時。

三、當你充分信任這個人的時候。

基本上，第一種情況最容易達成，只要願意多提問，就有機會更加瞭解他人；至於第二種情況，難度稍微高一點，但也不算太困難。真正困難的是第三種，畢竟，得到他人充分信任不是一天兩天，三言兩語就可以，需要相當長時間的考驗。有位客戶整個家族總共年繳五千萬保費給我，金額很龐大嗎？但說真的，這也不代表我已得到這位客戶的充分信任。事實上，我還不清楚他的真正資產有多少，或許五千萬保費只是九牛一毛，他仍在試水溫觀察我。

曾有客戶跟我進行第一次對談後，立刻透過徵信管道調查我，確認我是否曾經作奸犯科。客戶在成交後才告訴我這件事，我很感謝他，也請教他為何要調查我，他的回答令我印象深刻。

他反問我：「假如你擁有兩億身價，會允許哪些人進入你家？」我想了好久無法回答，他告訴我：「起碼要跟我資產相當，不然就是可以協助我增加資產，或是能提供相當有

價值的觀點，我才會允許這個人來到我家。怎麼可能隨隨便便讓陌生人輕易進入我家？」這段話讓我瞭解高資產客戶篩選朋友的標準，也促使我加倍努力提升自己的價值，才有機會取得客戶的信任。

高品質對談之所以重要，就是因為能讓客戶感受到充分被瞭解，也有機會讓客戶深受感動；只要客戶有了上述兩種感受，就有可能說出內心真正的想法。這是對談的最高境界，也是贏得客戶信任的基本基礎。

★銷售金句★

不要告訴客戶該怎麼做，而是讓客戶發現自己的問題，最後再協助客戶找到解決辦法。

客戶需求發展三階段

　　基本上，客戶的需求發展有三個階段：**第一階段是「不要」**。客戶可能不懂保險，或是根本不想買保險；尤其是高資產客戶，他們大多覺得市場上明明有一堆投資報酬率很高的商品，何必買保險這種投報率極低的商品。

　　第二階段是「想要」。從「不要」到「想要」通常花費不少時間，因為壽險夥伴必須透過對談來瞭解客戶的需求，而客戶也同時在評估壽險夥伴提供的價值。因此，如果能在這段過程中提高對談品質，讓客戶說出真正的想法，就有機會讓客戶的需求從「不要」到「想要」。

　　第三階段則是「必要」。同樣地，壽險夥伴要深入提問，創造更多高品質對談，讓客戶越說越多，說出更多內心的想法，才能從「想要」變成「必要」。當客戶的需求發展到了「必要」時，才是真正下決定購買的時刻。

客戶需求發展三階段

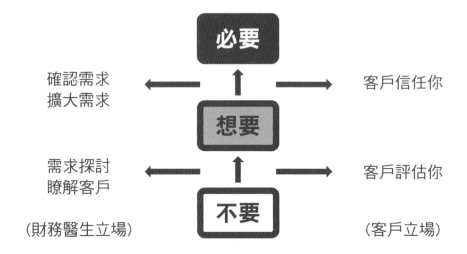

這本書就是要協助壽險夥伴解決以下的問題：

如何確保客戶從「不要」到「想要」？而且到了「想要」還不能出招，一定要持續溝通，帶領客戶到達「必要」。唯有帶領客戶到了「必要」，客戶才會決定購買哪一種商品。

舉例而言，假如你已經吃飽了，我問你要不要吃大餐，你還想吃嗎？根本不想吃吧！通常是先產生飢餓感，才會決

定吃什麼食物；若是根本不想吃，就不會考慮食物種類，一定是先有必要性才需要選擇。

只要看到潛在客戶，壽險夥伴都會鬥志滿滿地積極約訪，這是非常正確的心態，因為你覺得這位潛在客戶有機會成交，直接就將客戶定位在「必要」了。否則，假如一開始就確定這位潛在客戶沒有成交機會，怎會願意花時間約訪呢？

所有的壽險夥伴都是以成交為目的，沒有成交就是三輸：自己輸，公司也輸，輸最多的則是客戶，因為他們沒有獲得最好的保障。問題是，很多時候壽險夥伴覺得客戶在「想要」這個位置，就以為客戶已經走到「必要」這個位置，急著遞出建議書或解決方案。當客戶還在「想要」階段時，而你送出了建議書，就等於掀開底牌，這樣會發生什麼情況呢？客戶肯定開始考慮：為什麼要購買？我需要嗎？這是最好的方案嗎？他們內心天人交戰，各種考慮因素紛亂並存。

這時，你能做些什麼呢？答案是：做不了任何事，只能陷入無止盡的等待。不論後續詢問多少次，大多數客戶的回答往往是「還在考慮」，完全無計可施。

我要提醒各位壽險夥伴，除非確認客戶已經到達「必要」階段，否則不要輕易遞出建議書；當客戶到達「必要」階段時，才會認為你的方案是為他量身訂製的。大多數壽險夥伴遭遇到的情況，就是誤判客戶目前的需求階段或所在位置（0-100）。

因此，我設計了一張檢視表，提供壽險夥伴同步評估自己和客戶的相對位置：0 至 50 是從「不要」到「想要」，50 至 100 則是從「想要」到「必要」。

客戶三要：成不成交就在這裡

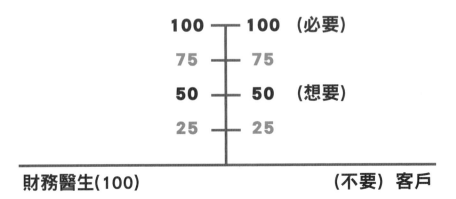

每一次對談前，都要判斷客戶目前的位置，然後站在同樣的位置帶著客戶往上走。若是誤判了客戶的位置，很可能拉不動客戶，客戶產生抗拒心態，反而往下掉。例如客戶目前在 25，你卻以為客戶到了 50，於是站在 50 準備帶著客戶一起走向 75；然而，誤判位置導致你無法創造出高品質對談，結果不僅拉不動，客戶反而因為無法被你感動，往下掉到 10，甚至回到原點 0。

所有壽險夥伴都要在身上安裝一套自我檢視系統，因為自己是最好的教練。善用自我檢視系統，找出以前談過卻沒成功的客戶，靜下心想想他們現在的位置在哪裡？下次對談要帶他們去哪裡？至於已成交的客戶，則是仔細回想當時為何能成交，當初是如何對談的，運用了哪些工具，慢慢帶著他們走向 100。

大多數銷售問題都出在 0 到 50 之間，因為從「不要」到「想要」最困難。很多壽險夥伴太急了，都想要站在 100 將客戶一步拉到位，但很多情況是你已經在 100，客戶的位置卻還在 25，接下來該怎麼做呢？繼續停留在 100 嗎？還是回到 50 或 25 ？真正的需求導向行銷應該是回到 25，帶著客戶慢慢往上走。

保單金額越高，從 0 到 50 所需的時間就越長，但這是相對的。假如客戶年收入一千萬，購買保費十萬元的保單就決定得很快；假如客戶年收入一百萬，同樣是保費十萬元的保單，下決定可能就比較慢。**在每一次對談中，我們都要瞭解客戶到底在想些什麼，這需要透過大量提問。**

　　我有一位客戶最後決定購買年繳兩百萬的保單，繳費期間二十年，總繳四千萬保費。就時間而言，從認識到成交共四年十一個月，我們只對談五次（包含成交對談），前四次用了四年十個月才將客戶從「不要」拉到「想要」；然後，從「想要」到「必要」，第五次考慮商品的時間只用了一個月。我知道他的資產很高，相當好奇年繳兩百萬為何讓他考量那麼久，於是在成交後詢問客戶。他告訴我，**他思考的不是兩百萬的生意，而是四千萬**；這才讓我恍然大悟，原來有錢人想得跟我們不一樣。

　　很多壽險夥伴喜歡大量吸收行銷課程，上完課覺得很有收穫，實務上卻窒礙難行，因為經驗基礎通常跟講師不同，市場上面對的客戶也截然不同。然而，只要依照這本書的步驟，持續嘗試持續練習與檢視，就能找出屬於你自己最容易的成功模式，進而提高你的成交率。沒有任何壽險夥伴的成交率是百分之百，也不可能是零；我的目標不是保證你成交，

而是提高你的成交率，確保你有源源不絕的新客戶來源。

　　這本書是你經營壽險事業的導航系統，提供各種標準操作步驟與依據，隨時確認你跟客戶的相對位置，協助你找到對談方向。實作訓練才是最有效的，太多人學到了卻用不出來，或是擺著不用；**只要依循書中的操作步驟向前走，就能越來越進步，因為你自己才是自己最好的教練。**

★ **銷售金句** ★

創新工廠董事長李開復：「我聽到的會忘掉，我看到的能記住，我做過的才真正明白。」

精準定位客戶的位置

壽險夥伴必須經常檢視三個問題：

一、誰讓你的業務能力在每次對談中成長？

二、你是採用什麼標準來檢視自己的成長？

三、每次對談後，客戶的位置是往上走、原地不動、還是往下掉？

提出好問題相當重要，不論是問自己、或是問客戶。經常拿上述三個問題來檢視自己，有助於自我成長。跟客戶對談時，往往只需提出一個關鍵好問題，就能改變我們與客戶彼此的態勢消長；客戶會開始思考，進入我們的節奏，哪一方信念較強，就能引導另一方跟著走。若是無法成交，就是客戶的信念比你強，不願依照你的遊戲規則；想要讓客戶依照你的遊戲規則，就要提出好問題，表現出好態度與好信念來感動客戶。

我自己發覺，客戶願意跟我成交，並不完全是出於我的專業。每次成交後，我都會請教客戶：整個對談過程有哪一點讓他感受最深？十位客戶中通常有八位告訴我，我在談論資產規劃與信託時的那種眼神與熱情，感動了他們。那麼，為何我能感動他們？原來是出於我的自信，相信自己提供的規劃建議，絕對可以解決客戶的問題，滿足客戶的需求。

因此，我希望所有壽險夥伴都能建立這樣的心態：**沒有「失敗」這回事，只有你跟客戶的相對位置不一樣。**同時我也要勉勵所有壽險夥伴，客戶拒絕成交不是你的問題，而是你的學習系統需要正確的引導。現在不願購買，難道意味著永遠都不會向你購買？不是，關鍵就看你有沒有持續進步！

今天沒能力成交，就要期許下次能成交。重點就是每次對談都要做好訪前規劃準備，才能帶著客戶從「不要」到「必要」（0-100）。

只要經常創造高品質對談，前進的速度就會更快；尚未成交只是因為客戶停留在某個位置，下次對談再回到那個位置重新引導他。有時候，有可能你的對談品質其實很高，一口氣把客戶從 25 拉到 50 了，但是你誤判客戶的位置，以為他已經到了 75，所以會有即將成交的錯覺。其實，

只要每次對談都能帶領客戶往上走，就會很有成就感，也要肯定自己；但若是定位錯誤，明明是成功的對談也會讓你失落不已。

　　所以，在整個對談過程中，精準定位客戶的位置相當重要。壽險夥伴看到客戶都會想要成交，這是壽險夥伴成功的必備心態，但更重要的是擺對位置，才能既積極又自信地面對客戶，精準定位客戶的位置才不會產生過高的期待。而當壽險夥伴缺乏自信且怯於拜訪時，往往是期待過高，客戶的反應卻不如預期，致使壽險夥伴感到失望。其實客戶的位置沒變，只是你誤判了。

　　每個人都喜歡購物，討厭被推銷；同樣地，所有人也都喜歡被瞭解，討厭被強迫。因此，只要讓客戶在感性上覺得自己被瞭解，在理性上覺得錢財花在刀口上，他們就會肯定購買保險的必要性。

★銷售金句★

◎每個人都希望今天比昨天更好，明天比今天更好。
因此，我們要銷售客戶的夢想，不是銷售保險！

◎在對談過程中，沒有失敗這件事，只有客戶跟你的
位置不一樣！

對談前做好充分準備

　　現在大家都知道高品質對談的重要性了，緊接著，我們就來談談創造高品質對談的事前準備。台上一分鐘，台下十年功；任何事情都一樣，沒做好充分準備，再好的機會來臨都會搞砸。

　　首先，你必須「自我定位」。這一點可分成四個面向來談：

　　一、信念：請時時刻刻確認，你跟客戶的對談「是在解決自己的問題，還是在解決客戶的問題」。假如約訪客戶的出發點是解決自己的問題，不論是業績問題或其他問題，對談時就很容易疏忽客戶的權益，只在乎自己的利益。一定要堅定信念，確認約訪客戶是在解決客戶的問題，才能敞開心胸聆聽客戶的聲音、理解客戶的需求、感同身受客戶的困擾。

　　二、目的：請時時刻刻確認，你跟客戶的對談「是在滿

足客戶的需求，解決客戶的痛點」。假如約訪客戶不是為了滿足客戶的需求，而是滿足自己的需求，就無法解決客戶的痛點，客戶終究離你而去。

三、做法：請時時刻刻確認，你跟客戶的對談「就是要找到客戶的需求，而這個需求只有人壽保險能解決」。假如客戶的需求無法透過人壽保險來解決，他們需要的就不是壽險夥伴；我們應該竭盡所，能透過其他管道協助客戶，為將來的互動奠定良好的基礎。

四、心態：請時時刻刻確認，你跟客戶的對談「要有被客戶拒絕的心理準備，並且真心感謝客戶願意提出討論」。客戶沒有任何義務接受你，若是無法理解他們的需求、解決他們的需求，他們隨時可以拒絕你，你也必須坦然接受。買賣不成情義在，一旦客戶拒絕你，就要誠心詢問拒絕的原因，並且真心感謝他們願意說出來，讓你知道問題所在，進而找到改善方法。

任何行業的從業人員與客戶對談時，都要定位上述四個面向。

高品質對談絕對不會憑空出現，自我定位之後，還必須思考下列十個問題：

一、客戶在想什麼？

二、客戶已經做了哪些規劃？

三、客戶這樣做的目的是什麼？

四、客戶與我見面的目的是什麼？

五、客戶對我的信任程度評分是多少？（0~10）

六、我在哪種情況下約到客戶？客戶為何願意見我？

七、客戶可能提出哪些問題？我要如何回應？

八、如果客戶在對談過程中沒有任何問題，我要如何回應？

九、如果客戶在對談過程中沒有任何反應，我該如何應對？

十、最後要離開前，應該向客戶提出什麼樣的問題？

　　接下來，壽險夥伴要研究客戶的背景，以及客戶在未來五年可能想要進行的規劃，然後製作「訪前規劃表」，在規劃表上設計對談時的關鍵問句。

製作訪前規劃表的意義，就是充分準備，讓客戶感受到高品質對談，也代表你對客戶的重視，珍惜客戶的時間。至於訪前規劃表的價值，則是你的進步可以預期，不論對談結果成功或失敗，都能透過這套系統，逐漸提升客戶層級與保單額度。

　　基本上，訪前規劃表就是一種「事前演練」，壽險夥伴扮演導演的角色，想辦法讓客戶依照劇本演出。

行銷訪前規劃

拜訪日期：＿＿年＿＿月＿＿日；第＿＿次　客戶編碼：＿＿＿＿

一、面談目的：

二、現在的位置及本次面談目標：

```
100 ┬
 75 ┤
 50 ┤
 25 ┤
  0 ┴
```

三、上次面談討論重點及本次討論的議題：

四、客戶的問題／客戶的現況：

五、代辦事項：

六、擬定面談問句：

_____
_____
_____
_____
_____
_____
_____
_____
_____
_____
_____
_____
_____
_____

此外，在訪前規劃表上設計對談時的關鍵問句時，我們要檢視自己：

一、設計出這樣的問題，客戶能不能回答？他們的答案是不是我想要的？是否跟客戶的財務需求有關？有時候，客戶可能會隨便回答我們的問題，設計問句時必須謹慎，想辦法讓客戶的答案符合我們的方向。

二、這樣的訪前規劃與關鍵問句會不會感動我自己？

三、假如會感動，感動之處在哪裡？假如不會感動，原因是什麼？

所有的高品質對談一定是先感動自己，才能帶著這份自信和篤定去感動客戶。

我設計的每個步驟都是要讓你先感動自己，因為壽險夥伴銷售的應該是自己相信的商品或規劃；唯有先感動自己，客戶才會被我們的信念感動。

最後這一點相當重要！每次出門訪談客戶前，一定要站

在客戶的立場，感同身受地思考下列六個問題：

①為何要與你對談？

②他想從你這裡得到什麼？

③與你對話能讓他獲得什麼？

④與你對談後，能不能找到他想要的？

⑤我如何信任這個人？他值得我信任嗎？

⑥這個人可以讓我放心把財務交給他嗎？

★銷售金句★

傳統的商品銷售只是在解決壽險夥伴的問題，但是在需求導向銷售中，必須先解決客戶的問題。只要解決客戶的問題，壽險夥伴就會有收入，順勢解決自己的問題。

對談時必須聆聽且紀錄

　　雖然壽險夥伴在對談前做足了準備，不過，事情可不能只做一半。既然做好充分準備，就是為了創造高品質對談；那麼，正式跟客戶展開對談時必須專注謹慎，才不會白白浪費對談前的準備。

　　創造高品質對談的第一個要點，就是「提問並傾聽」。這時必須遵照下列五個步驟：

一、回應客戶敘述的內容，加以確認並紀錄。

二、提出問題，瞭解客戶關心的痛點。

三、整理客戶的需求、欲望與擔憂。

四、從法律和稅務觀點切入客戶的痛點，提出解決方案。

五、讓客戶充分瞭解，人壽保險在整個建議方案中的角色，
　　例如債務隔離、婚姻風險、指定傳承、稅務風險等等。

對談時一定要專心聆聽，才能觀察到對方的肢體語言，客戶在對談過程中的肢體語言，會透露出許多訊息。請各位想像一個非常熟悉的畫面：假如都是你在說，怎麼有辦法專心觀察對方呢？所以，只要你問得多，客戶就會說得多，你才有機會觀察並紀錄。而當客戶看到你在做紀錄時，對你的印象就會更好，這表示你認真在聆聽，也代表你對客戶的尊重。

最厲害的挖掘需求對談

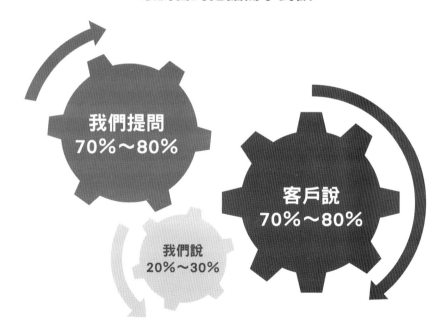

許多壽險夥伴習慣帶著筆電，一邊聆聽客戶描述的需求與痛點，一邊打字紀錄。雖然使用筆電也是一種紀錄方式，但我總覺得，假如壽險夥伴身上的「配備」是一支筆和幾張 A4 白紙，整個感覺和品質就不一樣了。

　　因此，創造高品質對談的第二個要點就是「配備」。讓我們試著想像這樣的畫面：溝通觀念或回答客戶提問時，若是拿著一支筆邊講邊寫或邊講邊畫，客戶一定會覺得很新鮮，好奇你接下來要說什麼，也會認為你很有料，這是飛快打著筆電難以比擬的質感。

　　然後，當你寫完這幾張白紙後，客戶若是希望你留下這幾張紙，那就表示這次對談成功了；因為客戶有所感覺，也被你的對談觸動了。針對高資產客戶更是如此！手寫文字或手繪圖畫，比電腦簡報更有溫度且更具質感。而且，只要客戶提出問題，馬上畫出來向客戶說明，代表所有的專業都存放在你的腦袋中，這樣會讓客戶更佩服你！

　　我建議壽險夥伴平時就要學習手口並用，口語溝通的同時也要動筆紀錄；這樣才能在對談時整理客戶的思維，畫出淺顯易懂的思維結構圖，協助客戶進一步理解。

接下來，創造高品質對談的第三個要點，就是學會「忍耐」，這是大多數壽險夥伴都會疏忽的關鍵。

　　「忍耐」什麼？請切記，第一次對談時，絕對要「忍住」，不要拿出計劃書或試算表。尤其是面對還在 0 至 50 之間的客戶，千萬別拿出來；這時拿出計劃書或試算表，只會讓他們用來比較其他公司的商品。假如一週後客戶沒回應，你會怎麼做？肯定是打電話詢問客戶考慮的情況，但我相信，客戶幾乎都會回答沒時間考慮，或是仍在考慮中。然後，你也只能請客戶繼續考慮，一個月後再打電話詢問，周而復始上演著同樣的情節。

　　因此，對談時真的要「忍耐」，唯有出現成交氛圍，客戶位置已經到達 75 以上，才能拿出計劃書。遞出計劃書絕對不是讓客戶比較參考，太早遞出計劃書就是提早掀開底牌，客戶一定會拿去比較其他同業的計劃書，一比較就沒完沒了，你只能持續追蹤，客戶會永遠對你說「還在考慮」；可是，你又不能逼迫客戶決定，久而久之就無疾而終。

　　保費較低的案子，或許可以較快提出計劃書，客戶下決定購買的節奏也較快；相反地，保費越高通常就越慢了。各位壽險夥伴務必記住：第一次對談是為了取得第二次對談的

機會，第二次對談則是為了取得第三次對談的機會；只要每一次對談都有進步，可以帶著客戶往前走，成交就是水到渠成。

當然，若是透過強有力的朋友或客戶轉介紹，大概已經從 50 開始往上爬了，因為潛在客戶已對你具有相當高的信任基礎。這時，只要你的對談品質夠高，應該很快就能抵達 75，或許有機會在第一次對談就遞出解決方案或計劃書。

不過，除非遇到這種特殊狀況，否則一定要記得創造高品質對談的第三個要點：學會「忍耐」！

最後，創造高品質對談的第四個要點，就是**「回應客戶的敘述並加以確認，務必在離開前最後五分鐘總結摘要」**。

無論對談結果是帶著客戶往上爬，還是造成客戶往下掉、或是讓客戶原地踏步，我們都要回應客戶的敘述，確認自己是否正確理解客戶的想法。接著利用最後五分鐘進行總結，摘要報告整場對談的內容，並且讓客戶知道我們已經詳實紀錄。

各位想想看，某個人跟你談話完畢，若是能夠相當清楚

地總結你們對談的內容，而且分毫不差、完全正確；你一定會覺得這個人非常專業、認真聆聽，也會對他留下相當好的印象。因此，即使客戶不認同你的看法，也要如實總結所有的對談。

魔鬼藏在細節裡！想要創造高品質對談，就要注意這麼多細節。

我深深相信，只要確實執行以上四個要點，創造高品質對談的機率就很高。有了高品質對談，雖然無法保證客戶會買單，畢竟很難一次就改變許多人對保險的認知或想法，卻能在客戶心中留下好印象；日後當其他同業找上這些客戶時，客戶心中自然會有一把尺，此時就會比較你跟其他同業的差異。因此，唯有創造出高品質對談，讓客戶覺得你尊重並瞭解他們，後續才有見面機會。因為他們覺得跟你談話沒壓力，你不是來推銷商品，而是來瞭解他們。

簡而言之，創造高品質對談，即便不能立即成交也要留下一顆種子，讓其他同業來澆水，而你等著萌芽收成。不要跟客戶呈現對抗態勢，也不要一直反駁客戶，這樣只會把客戶推得更遠；相反地，專注於創造高品質對談，即使客戶暫時不向你購買，也會越來越靠近你。

你無法避免客戶接觸到其他同業，也無法確定客戶何時購買，卻可以決定要在客戶心中留下什麼印象；也能至少確保一件事：客戶享受到你的高品質對談之後，其他同業的對談品質若是輸給你，無法比你更瞭解客戶，你的競爭優勢就展現出來了，成交機會也會提高許多。

　　客戶何時購買雖不是你能主導的，但你絕對可以主動創造一種無形的競爭優勢：讓客戶覺得你很用心、跟你對話很舒服、不會有強迫推銷的壓迫感。這就是成功的高品質對談，讓客戶對你（而非你的商品）留下深刻的印象。

　　只要每一次對談都創造出客戶對你不凡的感受，就能確保你跟客戶還有後續的可能性。就算客戶沒有立刻購買，一旦未來打算購買，或是想要求教諮詢，一定會想到你；因為你在客戶身上，創造了別的業務員所沒有的感受。

　　最後還要提醒各位：對談時切勿旁若無人地一直說話，而是應該常常不斷詢問客戶的想法，讓客戶擁有參與感，交談過程覺得備受尊重，創造良性互動。此外，千萬不要一直說自己的商品有多好，也不要批評客戶被其他同業欺騙，這樣會讓客戶感到不舒服。無論如何，即使無法成交，至少也要打開一扇門，客戶才會願意再次上門。

★銷售金句★

引導客戶看見自己的需求，強化他們對需求的感覺，
讚許他們為自己和家人做出的決定。

對談後務必全盤檢視

讓我們來思考一個問題：好不容易完成一場，後續該怎麼做，才能延續下一場呢？

首先，結束對談後，除了要與客戶進行總結摘要之外，一定要記得最重要的項目「再約訪」；在離開前和客戶約好下次見面時間，回到辦公室後，再進一步確認和客戶約定的時間。

無論對談結果如何，我們都要假設客戶願意進行下次對談，所以要直接跟客戶敲定時間。或許日後會有所變動，但是正好藉此測試客戶的滿意度；假如客戶對這次對談感到不滿意，可能就會找盡藉口推卻約訪。

最成功的對談，就是客戶在對談完畢後主動敲定下次碰面時間；因為這代表對談過程很成功，客戶覺得很有價值，才會非常期待再次與壽險夥伴碰面。

其次，對談後一定要進行「彙整」：利用類似醫師病歷表的「客戶經營紀錄表」，整理出談話重點、待辦事項與規劃方案，這些資料都相當寶貴。

病歷表清楚載明了病患的就醫紀錄，醫師每次問診時，都要先查閱病歷表，瞭解病患的既往病史和相關注意事項，例如會不會藥物過敏。同樣地，壽險夥伴也必須製作「客戶經營紀錄表」，詳實紀錄每一次談話內容。

某些客戶可能半年甚至一年才有辦法見一次面，上次碰面的對談內容若是沒有紀錄，怎麼可能記得？當壽險夥伴層面廣、接觸客戶多時，不要說半年見一次面，就算是上週才見過面，也很難完全記住所有談話內容。因此，**千萬別相信自己的記憶，而是要相信對談紀錄**，任何對談內容都要詳實記載。

有了「客戶經營紀錄表」，下次跟客戶碰面前，才會記得上次說過哪些重點；才能完善做好事前準備，還原上次對談內容細節，模擬客戶見面的應對內容，精準找出客戶重視的財務需求，這才是再一次和客戶碰面的要點。

所有成功的銷售，都是從對談前的準備工作就決定了，

絕對不是見到客戶才匆忙開始。想要創造高品質對談，這些紀錄工作非常重要，若是疏忽了，下次碰面肯定會遺漏重要事項。

即使是已成交的老客戶，也要定期進行保單週年檢視，同樣必須仰賴紀錄表上的資料來提升服務品質，否則我們會忘記去年談過哪些重點，這件事對於顧客關係經營相當重要。

此外，訪談後的紀錄還有一項重要價值：可以做為下次訪談「關鍵問句」的素材。

每次見面準備對談時，都要先讓客戶回到上次的場景，詢問客戶對於上次對談還有哪些印象，才能讓客戶的腦袋回到現場，立即進入狀況。透過這個「關鍵問句」，瞭解客戶在兩次對談之間有無想法上的轉變、甚至在生活中有無發生哪些特別的事情。

這「關鍵問句」是：從上次對談到現在，針對上次討論的內容，請問您是否有新想法？

不論兩次對談間隔了多長，幾天、幾月、幾年都好，對

談時一定要優先提出這個關鍵問句！我們必須先釐清：客戶是否依然對於之前的議題感興趣、是否願意繼續談下去，甚至瞭解客戶是否詢問過其他親友或同業。要用問句把客戶拉回來，才能明瞭客戶目前的狀態。

許多壽險夥伴沒有這個習慣、不知道有這個「關鍵問句」，或是忘記先提出這個「關鍵問句」，以為客戶已經在上次訪談狀態中好整以暇等待著，一見面就直接出招，結果會如何呢？可能好，也可能不好。

我分享給大家的高品質對談能力，具有系統性與步驟性，尤其面對的是高資產族群時。當我們尚未清晰瞭解客戶，從上次對談到這次對談的變化時，千萬別進行這次對談。因此，我們必須先確認客戶是否還在上次狀態中，若是不在，就要從頭開始，先把客戶帶回來，因為這次的訪前規劃都是根據上次對談而來的。

除了彙整紀錄，對談後還有一件事相當重要：詳細填寫「對談後的自我檢視表」。這份「對談後的自我檢視表」包括下列十個要點：

對談後的自我檢視表

01 自我評斷對談分數。

02 我問了哪些問題？

03 寫下對談總結。

04 客戶提出哪些問題？

05 有沒有發現新的需求發現？

06 是否提出有深度的問題？

07 是否提出客戶有感覺的問句？

08 自認為表現最好之處？

09 自認為尚待改進之處？

10 還有哪些待辦事項？

填寫這張「對談後的自我檢視表」的意義是：每個人都是自己最好的教練，只有自己可以真正感受到對談時的成長。至於填寫這張檢視表的價值，則是協助每一次對談都能有所成長。

　　同時，我們還要捫心自問：

一、這次對談結果到底是向前進展、向後退步、還是原地踏步？

二、客戶提出問題時，我是如何回應的？

三、我的提問是否問到重點，有沒有依照訪前規劃表來執行？

　　唯有確實執行每一個步驟，才不會浪費每一次對談帶來的收穫。

　　對談後的最後一步：就是在團隊的個案輔導時間，針對對談相關情形提出討論。雖然壽險夥伴在第一線銷售現場都是孤軍奮戰，但是背後有整個團隊的支持，不論是主管的指導或團隊夥伴的建議，都是受用無窮。

尤其當客戶沒有馬上跟你約定下次碰面時間，而你卻還想經營這位客戶時，團隊力量就能展現出來。回到辦公室後，你可以還原對談現場，跟主管及其他夥伴進行討論，尋求他們的協助。

　　最後，針對團隊個案研討，我設計了一張「個案研討流程架構」，提供給所有壽險夥伴參考。我相信，只要時常根據這個架構進行團隊研討，所有壽險夥伴的對談品質都會大大提升。加油！

【 個案研討流程架構 】

第一階段：瞭解個案背景

★報告人說明個案狀況，蒐集背景資料。

★畫出客戶家庭結構圖／財產四象限／接觸過程。

★詢問其他夥伴還想瞭解客戶哪些背景資料？

★主持人詢問提出問題的夥伴：為何想瞭解這些背景資料？

★報告人紀錄原本不清楚的訊息。

第二階段：客戶如何看待報告人

★請其他夥伴分享：如果他們是客戶，如何看待這位報告人？
★請報告人分享：在這兩個階段中有什麼新發現？

第三階段：如何進行對談

★請其他夥伴分享：如果他們是報告人，打算如何開始跟客戶對談（進行訪前規劃準備）？
★詢問報告人選擇哪三個議題切入？

第四階段：設計後續問句

★設計問句時，報告人必須自問：自己會如何回答這些問題？

第五階段：安排訪談與計劃

★報告人何時安排訪談，有何打算？

第六階段：總結（事先安排一名夥伴準備總結報告）

★其他夥伴進行總結。
★報告人進行總結。
★主持人進行總結。

第七階段：請大家寫下自己的小發現

備註補充：

★個案討論最珍貴之處：發現銷售過程中的死角。
★保險在客戶的資產種類中扮演什麼角色、佔比多少？
★資產規劃只談兩件事：一、可控制的；二、客戶和家人不可控制的。

> **★銷售金句★**
>
> 只要留給客戶好印象，即使無法成交，客戶也會介紹其他人。重點是對談結束的時候，你在對方腦袋留下了多少東西？

第二章

高品質對談必備的提問技巧

好奇是人類的天性

首先，請各位自問下列這四個問題：

一、我們為什麼要說話？

二、說話的目的是什麼？

三、當我們說話時，如何確認對方是否專心聆聽？

四、如何得知對方的回應是真心的？

除了先天機能障礙，每個小嬰兒都會發出聲音，聽著大人說話牙牙學語；相較於地球上其他動物，說話是人類獨特的本能。然而，我們是否曾經靜下心好好思考過：為什麼要說話？說話的目的是什麼？

為了表達自己的想法或情緒？沒錯！為了跟別人溝通？也沒錯！那麼，溝通的目的又是什麼？我想，大多數人的主要目的就是說服別人，而不是被別人說服；不論是試圖讓對方接受我們的看法，或是試圖讓對方接受我們想要銷售的服

務或產品。

然而，當我們透過說話試圖說服他人時，必須注意後面兩個問題：如何確認對方是否專心聆聽？如何得知對方是否真的聽進去了？

這兩個問題非常重要！很多人都只是自顧自地說話，只說自己想說的，從來不會留意對方是否願意聽。或許他們根本不想聽，只是基於禮貌不好意思打斷你；也或許，你是他們的主管，他們害怕得罪你，不得不聽。

所以，當我們滔滔不絕時，一定要留意對方是否專心聆聽，細心觀察對方的反應、眼神、表情與肢體動作。假如對方的表情十分專注、眼睛直視著我們、對我們的話語有所回應、頻頻點頭示意，大概就能確認對方正在專心聆聽。只要確認了這件事，就能透過提問進一步瞭解，對方是否將你的說話內容全聽進去。

然而，也就是因為我們從小習於說話，滿腦子想著說服別人或影響他人，因而逐漸失去發問能力。為何我們都習慣說話而不習慣提問？這樣的習慣源自於哪裡、受誰的影響最大呢？

現在，請各位自問另外四個問題：

一、小時候，當我們向父母提出問題時，通常會得到什麼回應？

二、小時候，當我們向老師舉手發問時，通常會得到什麼回應？

三、為人父母後，當孩子向我們提出問題時，我們會給他們什麼回應？

四、當我們的孩子向老師舉手發問時，老師會給他們什麼回應？

相信絕大多數台灣人都聽過一句話：「囝仔人有耳無嘴。」因此，當我們思考上述四個問題又想到這句「名言」時，會不會感到些許遺憾與不安？

人類的天性其實很喜歡發問，天底下所有父母都感到最抓狂的一件事，就是孩子圍在身邊不停追問「為什麼」。好奇是人類的天性，孩子喜歡發問十分正常，打破砂鍋問到底卻會讓父母招架不住。但是反過來想想，父母應該很慶幸孩子喜歡發問，假如他們異常安靜、很少發問「為什麼」，父母反而要擔心孩子的發育是不是出了問題？

不過，回想起小時候，每當我們出於好奇轉身向父母發問時，尤其是提出較敏感的問題時，通常會被「囝仔人有耳無嘴」這句話制止，不准我們繼續問下去；如果還是不死心想要繼續追問，往往會換得一頓打罵。

　　那麼，假如你曾經被自己的父母或長輩如此對待，當你的孩子發問時，你還會制止嗎？

　　假如你曾經不斷地向老師提出問題，被老師視為頭痛人物，你還會希望自己的孩子也被老師這樣制止嗎？

　　這種教育觀念適合未來環境的急遽變化嗎？

　　其實，不只在台灣，整個華人社會都有這種遏止發問的文化，根深柢固、牢不可破。我們總是認為小孩子聽話就好，不要多問，免得踩到某些敏感痛處；然而，正是這樣的保守觀念扼殺了孩子的創意，也造成數百年來創新速度落後於歐美各國。

　　我相信，在以前那個年代，父母並非故意制止我們發問，而是不知如何回應我們的問題，因為他們的上一代，也是用相同的態度看待他們的發問。這樣的觀念在華人文化

中，一代一代相傳下去，孩子聽話就好，不要隨便發問。

但我們仔細想想，不准孩子發問，孩子就會乖乖聽話嗎？少數孩子可能不敢反抗，大多數孩子應該是表面聽話，內心卻相當不服氣。他們只是年紀小不敢反抗，哪天翅膀長硬可以飛了，父母就會備受挫折，萬分訝異自己的孩子膽敢如此叛逆。

當然，隨著時代進步，這種僵化觀念開始被挑戰，也逐漸在鬆動；但不論在教育上或職場上，我們仍需正視「失去提問能力」的嚴重性，鼓勵下一代盡量提出問題，才能具備跟全世界競爭的能力。

畢竟，好奇是人類的天性，人類的進步就是出於好奇。好奇心會引發提問，提問才能誘發腦袋進一步思考。

★銷售金句★

提問不是一種技巧，而是一種生活方式。

一個好問題值多少

在本書前言中，我開宗明義地點出：「擅長提問」是頂尖壽險夥伴的必備能力，想要瞭解客戶真正的想法、探詢客戶是否認同，絕對不能「光說不問」，向客戶提出問題非常重要。因此，這本書的核心就是要帶領大家學習提問技巧，提升業務能力。從現在起，這是所有人的基本配備能力。

此外，我也在基礎篇談到：**銷售流程的核心價值就是高品質對談，只要創造出高品質對談，就能保證其他人的對談品質比不上你，同時建立專屬於你的競爭優勢，築起品牌差異超高門檻。至於高品質對談的最高境界，就是讓客戶說出內心真正的想法，達成這種境界的關鍵則是「提問」。**

因此，假如各位還在懷疑「提問」的功效，我要請各位好好思考這一點：**「一個好問題到底值多少？」**

假如一個好問題能協助你創造高品質對談，將原本只能成交年繳五萬保單變成年繳五十萬、甚至五百萬，這個好問

題就價值不斐了！若是將視野拉得更高更遠，還會發現許多看似平常的好問題，竟然改變了人類歷史，創造出更多價值。

西元1944年的一個晴朗的冬日，美國物理學家愛德恩．藍德（Edwin Land）帶著全家人出遊，沿途幫太太和女兒拍攝了許多照片。回到飯店後，年僅三歲大的女兒吵著要看剛剛拍攝的照片，不論藍德如何解釋，女兒還是無法接受「為什麼不能立刻看到剛剛拍攝的照片」？

姑且不論幼兒，即使是大多數成人，也不見得能回答這個問題；很幸運的是，被這個好問題敲到腦袋的恰好是物理學家。為了解答女兒心中的困惑，也為了滿足女兒的願望，藍德回到實驗室後立即投入這項研究。經過三年的實驗，終於在1947年展示立即顯影的過程，開啟了「拍立得」（Polaroid）相機的新時代。

在好奇與欲望的驅使下，一個小女孩提出的問句竟然產生如此巨大的力量，促使相機技術跨入嶄新的世代。

人類歷史上還有另一個廣為人知的問句，這個小小問句引發的影響層面更是巨大：「為什麼蘋果往下掉，不是往上

掉？」

　　一般人若是看到蘋果往下掉，應該不會引發任何聯想；不過，這個現象被英國物理學家牛頓看到了，聰明的腦袋立即啟動，提出這樣的問題，進而發現了「萬有引力定律」。

　　請各位再好好思考一遍：「一個好問題到底值多少？」

　　就我個人多年的經驗與研究，唯有採用提問方式，而非強加自己的觀念在別人身上，才能啟發一連串有價值的思考。假如你說出的大多是直述句，就不可能提出好問題，一定要經常練習疑問句。

　　那麼，如何養成提問的好習慣呢？其實很簡單，只要時常練習「自問自答」，練習每個句子都是以問號結束，就能讓提問成為自然而然的說話方式、思考方式與生活習慣。

　　不論是對自己、對別人、或是對孩子而言，人與人之間最有品質的談話，就是喚醒與啟發；而最能達成喚醒與啟發的，就是提出問題。

　　溝通的最重要目的，就是瞭解對方的想法；同樣地，瞭

解對方想法最容易的方式，還是提出問題，詢問對方的想法，而非採用說服或教導的方式。

　　總之，提出好問題絕對價值非凡，因為適切的問題可以帶領我們：

一、挑戰思想，重新建構並定義難題。

二、挑戰根深柢固的觀念，迫使我們走出傳統思維。

三、學習更豐富的知識，獲取更寬廣的視野，思索人生最重要的事情。

四、開啟一扇又一扇大門，讓我們永無止盡地探索，找到無窮無盡的機會。最重要的是，幫助我們建立關係、贏得生意、影響他人。

（引自《好問題，建立好關係》p.209，天下雜誌，2014 年 4 月初版）

★銷售金句★

所有的進步都源於自己的提問，所有的能力提升都來自於客戶的問題。問題正確了，方向就明確，更容易抵達目的地。

永遠不要停止發問

　　提問固然相當重要，可以創造很多價值，但是就像那些被幼兒問到抓狂的父母，有些人被質問太多問題也會翻臉，甚至不喜歡被別人提問，總覺得隱私遭人窺探。

　　當然，提問必須適可而止，以免引起對方不悅；客戶若是開始露出不耐煩的表情，就要知道適時收尾。當客戶不想回答時，有可能是不想面對，或許是不想讓我們知道答案，也或許是根本沒想過這樣的問題，必須經過一番思考才能回答，因為每個人的表達方式與邏輯思考是不一樣的。

　　其實，有時重點不在於客戶的答案，而是我們提出的問題引發客戶什麼反應。因此，假如我們提出一個好問題，引發客戶深入思考，即使當場沒有得到任何回答或反應，甚至感受到客戶的不習慣，也不代表我們的提問不好，而是客戶需要時間思考，這樣的問題相當有價值。

提問的目的到底是什麼？

提問的終極目標是什麼？

為什麼要學習提問？

提問對於人生產生什麼樣的影響？

我希望大家一起思考這些問題。畢竟，提問不僅可以運用在客戶關係與事業發展上，也能運用在促進家庭和諧。

此外，提問在溝通上扮演什麼樣的角色？提問對於自我成長會產生什麼樣的影響？成長一定要來自提問嗎？若是學不會提問，會發生什麼事？我深深相信，想要學習提問，至少要先習慣思考這些問題，慢慢尋找答案。**唯有自己找到而非假手他人的答案，才是屬於你自己人生最堅強的信念。**

所以，永遠不要停止發問！

智慧型手機尚未出現之前，大家還有很多零碎的發呆時間，五分鐘十分鐘都好。基本上，發呆就是一種思考，許多發明都是科學家在發呆時靈光乍現的。

然而，智慧型手機出現後，一機在手、無所不能；即使

在等待紅燈的短短一分鐘，幾乎所有人都迫不及待拿出手機，來填補這段無聊的暫停。從此，人生的零碎時間被智慧型手機填滿了，再也沒有發呆時間，連帶缺乏自我對話的機會，無法省思自己的內心。

這是個非常嚴肅的問題，科技越來越進步，智慧型手機、各種穿戴裝置，甚至人工智慧都會讓人失去獨處能力。一旦失去獨處能力，只要獨處時身邊沒有手機，大多數人都會陷入驚慌失措中。其實，2018 年 10 月 30 日的《紐約時報中文網》報導中寫到，蘋果 CEO 庫克不會讓自己的姪子上社交網路，比爾‧蓋茲禁止自己的孩子在十幾歲前使用手機，而賈伯斯也不會讓自己年幼的孩子靠近 iPad。

因此，想要擁有屬於自己的提問能力，就要學習獨處。每天撥出一段時間不碰手機，持續與自己對話，觀照自己的內心，傾聽內在的聲音，許多改變與開發都是從內在最深處開始的。

只要每個人都願意改變自己，就能改變全世界。而且，除非你願意打開心扉，否則你無法改變自己，別人也無法協助你。

為了學習提問，也為了學習獨處，我希望各位經常如此捫心自問：

一、晚上的自己會如何看待或欣賞白天的自己？

二、晚上的自己會不會對於白天的自己感到滿意、為自己鼓鼓掌？

三、每天晚上睡覺前，要向自己提出什麼樣的問題？

四、今天提出了哪些問題有助於提升我的收入？

五、今天提出了哪些問題有助於發展我的組織？

六、今天提出了哪些問題有助於我的家人親友？

七、今天提出了哪些問題有助於客戶的財務規劃？

八、今天提出了哪些問題有助於完成我的年度目標？

九、今天提出了哪些問題有助於達成我的人生使命？

提問的好處實在很多！幾乎有助於解決人生各個層面的困擾，例如困擾許多父母的親子溝通問題。各位有沒有想過，為什麼以色列這個小小國家如此強盛，可以產生那麼多諾貝爾獎得主？看看他們的親子溝通方式，就能找出蛛絲馬跡了。

一般而言，放學回家後，父母對孩子說出的第一句話往往是：今天考試成績如何？有沒有被老師處罰？有沒有跟同學吵架？可是，以色列家長卻是這樣說的：「今天在學校向老師提出了什麼問題？」

　　為何以色列家長會向孩子提出這樣的問題呢？原來，這是幼稚園老師特別交代家長的，因為這個國家的教育單位要「教育」家長鼓勵孩子提問。

　　當孩子習慣發問後，就會習慣獨立思考，國家自然越發強盛。

　　所有父母都望子成龍、望女成鳳，成為「有用」之人；然而，「有用」的範圍相當廣泛，也難以詳細定義，與其向孩子說明，不如透過提問讓孩子自己尋找答案，因為人生是孩子自己的。

　　不過，如同前面所言，大多數父母都習慣說教了，每天嘮嘮叨叨，卻都忘了問問孩子的想法，想要改變這種習慣，真的要有意識地學習。

　　孩子年幼時，父母還能使用強迫或處罰的方式來管教，但是當孩子進入青春期，這種方式就行不通了。我甚至看過

這樣的新聞：一位父親看到就讀國中的孩子沉迷手機，盛怒之下就把手機從十三樓陽台丟下去，孩子交雜著氣憤與心碎，就跟著手機跳下去了，這真是一場悲劇。

父母一定要學會提問，透過提問激發孩子思考，讓孩子自己想通，親子溝通才能順暢，孩子才有進步空間。如果孩子自己不想進步，父母再怎麼強迫也沒用，頂多只是因害怕被處罰而表面順從，一旦父母管不動就故態復萌了。

所以，永遠不要停止發問！

★銷售金句★

提問的主要目的不是得到答案，而是啟發對方思考，甚至提供反饋。

◎你沒有思考過的事，你也問不出來。

提問時的關鍵要點

經過前面的說明，我們都清楚瞭解到，**提問不僅是一種習慣，也可以是一種生活方式**，卻很少有人教我們如何提問。其實這是與生俱來的能力，必須被開發，也需要經常練習，才能越來越熟練。而且，想要瞭解別人的唯一管道，就是提問，然後傾聽。

因此，想要創造高品質對談，就要瞭解你的客戶；想要瞭解你的客戶，就要經常提問。這是一種銷售觀念的轉變，從「說服」轉變成「瞭解」。

「說服」是強迫客戶接受你要推銷的保險商品，「瞭解」則是傾聽客戶的聲音，共同攜手找出客戶終身財務規劃的需求。當你的目的是瞭解客戶而非說服客戶時，就會發現自己開始提出許多高品質問題。

當然，將銷售觀念從「說服」轉變成「瞭解」並不容易，畢竟要瞭解別人有一定難度，需要大量練習。然而，年輕的

壽險夥伴若是想要跟年齡較長、歷練較多的客戶談得上話，唯有備妥高品質提問，才能超越年齡與歷練的限制，讓客戶產生驚豔感。

向客戶提出問題時，必須注意整個提問過程中最重要的一件事：明明已經知道答案了，卻要忍住不說，要讓客戶自己說出答案，再用客戶的答案確認他們說出的，是不是內心真正的想法。

壽險夥伴往往在無意中犯下一個錯誤：缺乏經驗提出問題來誘導客戶說話，直接說出自己想要的答案。若是客戶不認同壽險夥伴提供的答案，辯論與對立就開始了，雙方出現對抗態勢，這種對談品質一定很低。

所以，在每一場高品質對談中，提問至少佔據七成時間，說明最多只佔三成。其實，壽險夥伴跟客戶對談就像醫師問診，一定是先提問瞭解病患的痛處與症狀，才能正確開立處方。壽險夥伴就是財務醫生，醫生處理身體上的疾病，財務醫生則是讓客戶的財務更加健全圓滿。若是還沒瞭解患者需求就隨便開藥，往往會開出不恰當的處方。

假如客戶還沒思考過你提出的問題，可能會反過來詢問

你。當然，你可以提供一些建議，但還是要想辦法讓客戶自己思考。永遠不要猜測客戶會說出什麼樣的答案，也絕對別偷懶，一定要扎扎實實提出問題，親耳聽到客戶說出答案。

坦白說，即使是客戶親口說出的答案，都不見得是內心真正的想法；仍然要從各個角度旁敲側擊來確認，更別說是你幫客戶說出的答案了。

唯有運用提問方式創造出高品質對談，客戶才不會覺得你一直在推銷，而是感受到你在協助達成，他們想要完成的財務目標。

壽險夥伴銷售的固然是保險，卻必須時時自問：

客戶為何要購買保險？
他們真的需要保險嗎？
如果需要，他們真正需要的是什麼？

嚴格說來，客戶需要的不是保險商品；而是遭逢人生變故或退休安享晚年時，身邊必須有個工具，能提供源源不斷的現金流。「金錢」才是整個財務規劃的基礎，跟客戶對談就是要談到「金錢」。

因此，我們在設計問句時，必須根據「金錢」來點出核心關鍵字。例如跟客戶討論家庭保障時，提問的核心關鍵字就是：數字（金額）、照顧誰、要照顧多久、手心向上、手心向下。

　　跟客戶討論醫療與重疾保障時，提問的核心關鍵字就是：數字（金額）、照顧誰、誰出錢、誰照顧、手心向上、手心向下、尊嚴。（人性與金錢誰會贏？）

　　跟客戶討論退休金規劃時，提問的核心關鍵字則是：時間、數字（金額）、誰要用錢、手心向上、手心向下。

　　客戶對保險商品的需求，絕不是那張薄薄的保單，而是需要那張保單為他們做好保障（逃避痛苦）且實現圓滿人生（追求快樂）。

　　簡而言之，壽險夥伴就是「解決客戶的問題」；瞭解商品固然重要，瞭解客戶的「一輩子的財務規劃需求」更是成交關鍵。

　　因此，若是想要瞭解客戶的「一輩子的財務規劃需求」，第一次訪談就要開宗明義詢問客戶：

這輩子要賺多少錢才足夠？

您的家庭總共要花用多少錢？

如何過您想要的人生？

如何讓每一分錢都用在刀口上？

一個人若是思考過這四個問題，未來的願景就相當清晰了；即使發生了風險，也會較無遺憾地離開這個世界。

行銷大師 Kinder Brothers 說過：**「問句最有力量的表現，就是讓客戶陷入沉思，空氣頓時凝結，凝結得越久越好。」**當客戶陷入沉思時，就表示這個問題問到客戶的痛點，問到他們必須好好思考，也讓他們有所感覺或體悟。

在我自己的經驗中，空氣凝結最久的一次是四十秒，這是整個高品質對談中最重要的一刻，所有的準備都是為了等待這一刻的來臨。那一刻，我在做什麼呢？就是用深情款款的眼神，靜靜看著這位客戶，手上拿著筆等待客戶開口時做紀錄。我輔導過非常多壽險夥伴，他們碰到這種凍結狀態時，都是自己沉不住氣，總覺得雙方沉默不語顯得很尷尬，就會打破這種尷尬，主動開口說話。其實，這樣就錯失了最好的時機，因為這時開口說話，就會打斷客戶的思考，大大

影響客戶對這個問題的深度思考。

　　因此，再次提醒各位壽險夥伴，千萬別在客戶陷入沉思時，打斷他們的思緒，空氣凝結時一定要耐心等待。這時，你要細心觀察客戶的表情，行銷關鍵就是在等待客戶出現思考表情，這往往是成交與否的關鍵，千萬別打斷他們。而且，你提出的問題若是能讓高資產客戶陷入思考，就表示你的問句對他們特別有價值。

　　最後，還有一種「逆向確認問句」值得各位參考。有時候，當我們提醒客戶，財務規劃相當重要且優點甚多時，客戶為了轉移壓力，可能會故意唱反調，不斷地抬槓。這時可以乾脆詢問客戶：**「如果不進行任何規劃，對您會有什麼好處？」**聽到這樣的問句，客戶通常會不知所措。這是非常有威力的問句，往往會迫使客戶好好思考。

★銷售金句★

提問的節奏很重要，切勿一股腦兒全部說出來，而是要適當停頓，讓客戶產生好奇心。

提問的順序與結構

　　壽險業的銷售模式相當特殊，因為以消費心理學而言，「保險」這種金融工具或解決方案，最特別的就是「違反人性」。讓我們想像一個熟悉的畫面：走進一家咖啡館，點一杯喜歡的咖啡，掏出一百元給店員，然後告訴他現在不拿這杯咖啡，二十年後再來拿。想想看，店員聽了會有什麼反應？他肯定很納悶地：這個人的腦袋有問題吧？更何況，二十年後這家咖啡館還不一定持續營業。

　　大多數消費幾乎都是如此，付了錢就立即享受到花錢的快樂；就算不是立即，通常也不願意等待過久，除非是過於暢銷導致缺貨。然而，購買保險卻是截然不同的消費行為：假如你在三十歲投保了一張終身壽險，八十歲才壽終正寢，這筆消費要等到五十年後才能「銀貨兩訖」，而且拿到理賠金的還不是消費者本人。

　　另一種情況是：如果從四十歲開始，進行長達二十年的退休規劃，消費者本人必須到六十歲，才能開始享受退休規

劃的好處；若是中途出現任何變卦，原本的好處可能會產生很大的損失。

除非投保目的另有所圖，否則不會有人買了保險，想要立即獲得保險金；因為購買保險是為了轉移風險，或是創造未來收益。因此，如果想讓一個人在「現在」，看到二十年後或是更久遠後的生活狀況與生活畫面，而且要乖乖繳費二十年，這二十年完全無法享受到付費的樂趣，提問的順序與結構就相當關鍵了。

基本上，**提問的結構是由「過去式」、「現在式」和「未來式」三個部分組合而成**。至於提問的順序，則是先探詢客戶「過去」的經驗或感受，再描繪「未來」的憧憬或場景，最後則是回到「現在」的計劃與行動。

所以，假如我們要跟客戶討論退休規劃，就要先使用問句，來探詢他們對於退休的感受與經驗。當然，既然還在討論退休規劃，就表示客戶還沒退休，不可能有「過去」的經驗或感受；但很可能他們的父母已經退休，而父母的退休金足夠與否，其實會影響客戶目前的生活品質；或者是，客戶身邊可能有軍公教朋友，他們退休後的終身俸是相當好的參考指標，足以凸顯退休規劃的重要性。以上種種，都形成了

客戶「過去」的經驗與感受。

假如要跟客戶討論家庭保障規劃，也要先使用問句，來探詢他們對於風險的感受與經驗。同樣地，既然還在討論家庭保障規劃，就表示客戶還沒遭遇風險，不可能有「過去」的經驗或感受；但很可能他們看過周遭朋友遭逢變故、妻小因而陷入經濟困頓，這也形成了客戶「過去」的經驗與感受。

簡而言之，我們要引導出客戶的既有經驗，從客戶的腦袋中萃取出讓他們有感覺的元素。這就是一種關於「過去式」的問句，也是提問順序的第一個步驟。

然而，如果客戶周遭沒有相關經驗或感受，壽險夥伴就要提供自己的經驗給客戶參考；或是擷取重大社會事件為案例，例如前陣子發生的錢櫃大火，就引起許多人重新檢視消防安全與逃生設備，因為這種悲劇會讓人感到相當震撼。同樣地，它也會讓客戶明瞭，風險是無法預測的，進行家庭保障規劃就是轉移風險的最佳解方。

關於「過去式」的問句，最好的元素是從客戶的經驗抽取出來，因為他們看不到自己的「未來」，只能看到別人的「未來」，這樣就會讓他們有所期待或極力避免。因此，詢

問完「過去式」的問句後，就要提出關於「未來式」的問句，壽險夥伴必須協助客戶，描繪具備完善規劃的畫面。

例如，缺乏退休規劃可能會變成下流老人，整天手心向上，只能跟兒孫伸手要錢，沒有尊嚴；若是擁有完善退休規劃，就能手心向下，不僅能自給自足，經常出國旅遊，還能發放零用錢給兒孫，頤養天年、其樂融融。

或者，若是具備完善的醫療保障，生病時就有充足預算聘請看護，入住單人病房安靜休養；也能選擇效果良好卻又昂貴的自費醫材與用藥，而且家人的生活步調與品質也不受影響。然而，若是缺乏完善的醫療保障，想要享有上述的醫療品質，就要自備一大筆預算；如果沒有預算，只能擠在三人或四人同住的吵雜健保病房，家人必須請假當看護，也不敢花錢選擇效果良好的醫材與用藥。

協助客戶描繪出「未來」的畫面或願景後，接下來就要將客戶拉回「現在」，也就是回到現實層面，告訴他們現在必須怎麼做。「現在」做出的任何決定將會影響「未來」，這是非常實際的，客戶必須認清這件事。因此，想要在「未來」擁有完善的規劃，就要犧牲「現在」的享受，因為繳交保費是當下的事情。

提問的順序與結構並不困難，但是必須掌握關鍵點：**先從過去開始，然後前往未來，再從未來回到現在**。這種模式可以套用在各種規劃上，例如長照規劃，我們看到很多家庭缺乏長照規劃，造成「一人中風全家發瘋」；所以要引導客戶瞭解，做好長照規劃可以獲得什麼樣的看護品質。假如客戶認同這樣的未來畫面，最後就直接詢問客戶：「那麼，現在是否需要進行規劃呢？」

★銷售金句★

我來不及參與您的過去，您的未來一定要有我。

高品質提問的五大條件

除了注意提問的順序與結構，想要創造高品質提問，我們的問句還要具備五大條件：

一、層次

最高段的提問具有不同的層次，運用剝洋蔥的方式；就像溫水煮青蛙般，一層一層撥開客戶的不信任、戒心與抗拒，慢慢瞭解他們內心真正的想法。

想要展現提問的層次，同樣要注意提問的順序與結構，也就是先從過去前往未來，再從未來回到現在。我們必須先詢問客戶對於「已發生的事件」有什麼感受，確認這些事件是否讓客戶有所感覺。接下來再詢問客戶，「有朝一日」這樣的事件若是發生在自己身上，將會對誰造成很大的影響。一旦客戶明瞭，這樣的事件將會發生衝擊後，再提出解決方案給客戶參考。

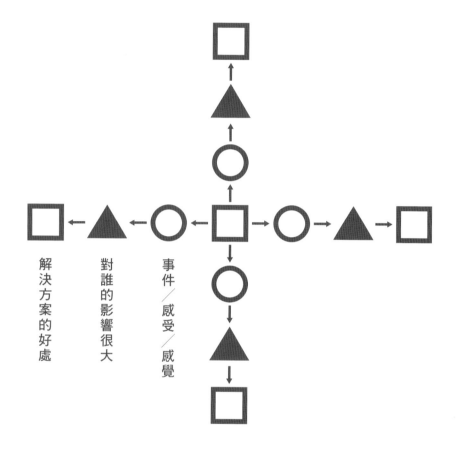

解決方案的好處

對誰的影響很大

事件／感受／感覺

二、高度

　　根據美國心理學家馬斯洛（Abraham Harold Maslow）的「需求層次理論」，人類有五大需求，從最底層的生理需求一路提升到最高層的自我實現。生理需求雖在最底層，卻

不代表最低下，因為這是人類存活的必要需求。隨著高度不斷提高，必要性逐漸降低，心理上的滿足感卻會越來越高。

　　因此，跟客戶對談時，我們要拉高提問的高度；只要客戶被激發出的需求高度越高，願意購買的保單金額就越大。當然，年齡與身分地位不同，需求高度也隨之不同；壽險夥伴必須提出高品質問句，才能瞭解客戶最關心哪一種高度的需求。

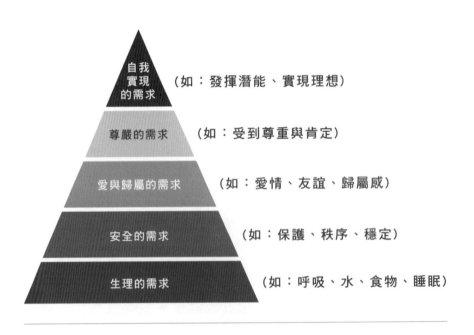

Maslow需求層次理論(1943年)

三、關聯

壽險夥伴必須透過問句，將不同的事實串聯起來，建立關聯性。例如，收入中斷與家庭生活品質有無關聯？或是與家庭經濟支柱有無關聯？退休金不足與老年生活品質有無關聯？

談論保險無非就是談到「逃避痛苦」和「追求快樂」，壽險夥伴要串聯的關聯性，就是人生各種可能的風險（老病死殘）與「逃避痛苦」及「追求快樂」之間的關係。

四、廣度（橫向）

每個人的一生都有許多需求，我們必須先找到客戶有感覺的某個需求點，才能順著這個點循序往深處走，而非亂槍打鳥。所以，一定要廣泛收集客戶的資料，先求廣度，才有深度。

提問結構絕對是倒三角形的，也就是從廣泛到聚焦。因此，我們往往先使用探詢式問句來詢問客戶，例如父親的責任是什麼，對於勞保年金調降有何看法，看看客戶對哪個議題最感興趣，再根據這個議題深入討論。

五、深度（縱向）

一旦確認客戶對哪個議題最有感覺時，就要一層一層往下深入，同樣是運用類似剝洋蔥的方式，越問越有深度。

例如，要幫客戶進行資產規劃時，就要丟出這樣的問題：人性能不能被金錢考驗？提出問題後，要讓客戶自己回答，而不是幫他們回答。其實，每個人都知道人性很難被金錢考驗，但我們不能自己說出來，這樣就變成在說服客戶了，而是要讓客戶自己思考。只要客戶願意說給我們聽，而且說得很清楚，就很容易從 50 走到 75，或是從 75 走到 100。有時候，提問會刺激客戶想到「過去」的經驗，這些經驗可以協助客戶思考「未來」，進而決定從「現在」開始規劃。

下列是有關「人性無法通過金錢考驗」的深度提問範例：

一、請問您如何確定人性可以通過金錢的考驗？

二、請問您如何確定人性可以被考驗？

三、根據您的經驗，您覺得人性可以被金錢考驗嗎？

四、請問您覺得人性可以拿什麼來考驗？

五、我很好奇，您會把生命中最重要的人或事交給別人決定嗎？

六、當利益與人性產生衝突時，請問您覺得何者會贏？

如果客戶主動提到信託規劃，切勿滔滔不絕地說明信託的優點，而是要反問他們對於信託的看法；同樣地，客戶提到醫療保障或其他金融商品時也是一樣。我們最擔心客戶考慮許久、遲遲不下決定，但是他們往往也不知道自己在考慮什麼。所以，我們要透過提問來瞭解客戶的想法，協助客戶進行更清晰的思考與判斷。

下列為有關「信託規劃」的深度提問範例：

一、為何您會提到信託？

二、請問您對信託的瞭解有多少？

三、信託當中有哪些功能吸引到您？

四、請問您是在哪裡接觸到信託資訊？

五、您覺得信託能解決什麼問題？

其實，這種剝洋蔥式深度提問，可以運用在人生各個層面，例如「電視機與我的孩子」：

一、電視機對孩子的幫助是什麼？

二、電視機的「內容」對孩子的未來有何影響？

三、電視機的「哪些」內容，對孩子的未來有哪些影響？

四、電視機有哪些內容是孩子在「成長過程」所需的？

五、我的孩子真的需要這些內容嗎？

六、若是在其他地方找到孩子成長所需的內容，電視機對孩子的功用又是什麼？

七、我要培養獨立思考的孩子還是聽話的孩子？或是有「其他選項」？

同樣地，這種剝洋蔥式深度提問，也能運用在「智慧型手機與我的互動」：

一、對我而言，手機的功用是什麼？

二、手機裡的內容對我有什麼功用？

三、手機裡的哪些內容，能對我有哪些功用？

四、手機裡有哪些內容是我需要的？

五、若是在其他地方找到我需要的內容，手機對我的功用
又是什麼？

六、為何我需要這些內容？這些內容對我的生活品質能否
有所提升？對於我的財務目標有何幫助？

★銷售金句★

問句不要過於冗長，必須簡短明瞭，越簡短越有力量。
提問者可以拿到充分的主導權！

第三章

運用問句輕鬆敲開客戶心防

實務對談上，問句實戰設計課程中所累積的經驗，透過本章，可以提供各位在做訪談規劃表，或面對客戶對談時，各節問句說明及分析，可以讓各位在對談中，創造更多的高品質對話。

退休理財規劃

高品質對談三秘訣

客戶需求發展三階段

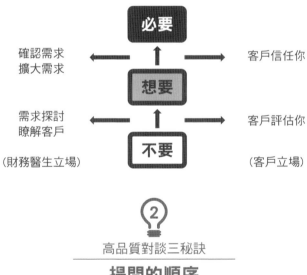

高品質對談三秘訣

提問的順序

從過去式問句出發 ＞ 再到未來式問句 ＞ 再回到現在式問句

對談現場6步驟

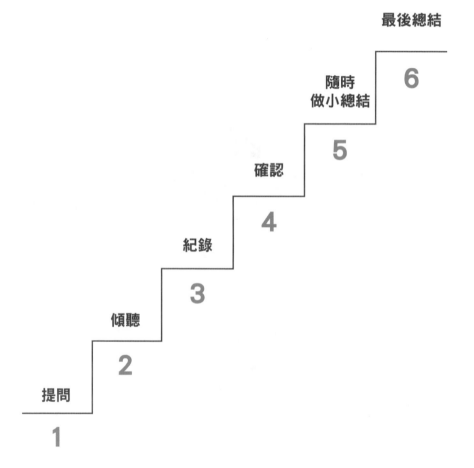

最後總結

6

隨時
做小總結

5

確認

4

紀錄

3

傾聽

2

提問

1

在帶領實戰的問句研習討論，短則三小時，長的可以到三天，也有三個月研習課程；運用分組討論的方式讓大家腦力激盪，學員彼此之間相互學習，親自設計問句、討論，這樣的學習效益是最好的。

以下這兩組的退休規劃問句設計，是我在 2020 年 4 月 1 日，在教授三小時問句實戰研習班，學員的實際演練過程所設計的問句，加上老師點評，以及重新安排問句順序的過程。

（一）退休問句及排列順序

退休規劃正確的概念：在整個退休規劃來講，我們跟客戶討論退休，真正要討論的是這 4 件事情

1. 什麼時候才能保有源源不斷的現金流？

2. 被動收入何時超過必要支出？而不是談幾歲要從工作職場退下來？要準備多少錢？或是到 65 歲領，不知是否可靠低微的勞保退休年金？

3. 有許多人所謂的退休金就只是勞保年金而已，以後勞保年金絕對不會是 65 歲領，未來一定會再延長勞保年金領取的法定年齡，而且減半的機率非常高。

4. 實務上目前跟客戶探討的重點，在於什麼時候才能有源源不斷的現金流或被動式收入。因為退休是年齡在決定的嗎？絕對不是！一個四十歲的人存到一億的財產，他決定要退休了，你覺得他需要等到 65 歲才退休嗎？

總結來說退休是誰在決定的？當然不是年齡，是錢在決定！

【學員設計的問句】：

1. 你父母親目前的退休生活過得如何？
2. 你是否有支付孝養金？
3. 請問你打算幾歲退休呢？
4. 你過去已經準備了多少退休金了？
5. 你退休的時候預計要準備多少退休金？
6. 關於退休金的準備，你可能會遇到什麼樣的阻力或阻礙？
7. 我們怎麼做才能活得有尊嚴？
8. 退休後你想做些什麼？
9. 如果你有做好退休規劃，你覺得是對誰有幫助？是對自己或對家人幫助最大？
10. 現在打算準備怎麼做？

【建議時刻】

1. 你父母親目前的退休生活過得如何？

建議：請問你父母親是否已退休？

建議：你父母親退休生活品質是你想要或不想要的嗎？

2. 你是否有支付孝養金？

建議：請問父母親的孝養金由誰定期支付？

建議：是誰在照顧父母親的生活起居？

3. 請問你打算幾歲退休呢？

建議：請問你預計何時可達到財務自由？

建議：以你過去的理財習慣，什麼時候你的被動收入會
超過家庭必要支出？

4. 你過去已經準備了多少退休金？

5. 你退休的時候預計要準備多少退休金？

6. 關於退休金的準備，你可能會遇到什麼樣的阻力或阻
礙？

建議：請問你在退休金的準備期間，你可能會遇到什麼樣的阻力或阻礙？

7. 我們怎麼做才能活得有尊嚴？

建議：你未來要不要過有尊嚴的生活？
建議：你覺得有尊嚴的生活到底是長什麼樣子？什麼畫面？

8. 退休後你想做些什麼？

建議：退休後你要成為手心向上或手心向下的人？

9. 如果你有做好退休規劃，你覺得是對誰有幫助？是對自己或對家人幫助最大？

建議：如果你有做好退休規劃，你覺得對誰會有幫助？

10. 現在打算準備怎麼做？

建議：未來你想要成為手心向下的人，現在要做哪些規劃？

【問句設計說明及分析】

以這組學員所設計的退休問句來解析

準備退休預計要多少錢？

當你問客戶這問題的時候，客戶大概會有哪些答案出來？答案可能會很多。我們第一個重點是要讓客戶了解退休規劃的必要性；所以在設計退休問句的時候，關鍵點是跟客戶討論這件事情時他認為必要？還是他覺得根本不需要？

如果他覺得不重要，接下來我們要提問：我好奇為什麼退休在你的規劃當中，是那麼不必要或不需要的？

讓客戶表達他的實際現狀，在客戶表達實際現狀後，是否繼續在退休議題上與客戶討論？還是會轉到重疾失能規劃、醫療規劃、或是家庭保障，這要看客戶目前最重視的財務需求部分，再做出對談議題的調整。

因為客戶認為退休規劃的必要性是必要的，才會開始執行退休規劃準備，接下來的問題是資源到底有多少？能夠在他整個收入和支出裡面，挪出多少錢來做？對談邏輯如此接

續下來，問句的張力一下子就會抓到。人家說打蛇要打七寸，一下子就會掐到他的重點；只要必要性問出來，接下來才有完整的退休金準備，要怎麼做規劃？退休想要什麼生活？如果客戶覺得一定要做，這個就是設計問句的第二個邏輯；因為當一個人覺得有必要，才會去考慮要不要做？要做規劃的話接下來就是做多少？至於做多少？決定在他現在的資源；客戶到底可以撥多少預算出來，為將來自己（60、70歲）以後的人生做充分準備；如果客戶覺得非做不可，我們就可以再問客戶，為什麼覺得非做不可？我經常使用這個關鍵問句：請問你將來要手心向上還是手心向下？

在這世界上沒有人希望做一個手心向上的人！只要客戶不想成為一個手心向上的人，他就會非常努力要成為一個手心向下的人。

這組學員第八個問句：退休後想做些什麼？

我會建議改成：退休後你要成為手心向上或手心向下的人？

接著要問他，我好奇你為什麼覺得一定要做？他會告訴你很多他要做的理由，他的理由一定是兩種：追求快樂與逃

避痛苦；簡單來說他希望手心向上或手心向下，所以這個是各位在對談退休規劃裡面非常關鍵的核心；只要你掌握到這核心關鍵，你的對談就不會被客戶帶著走，這樣在設計問句、主導面談的時候，你的掌控性就會相對的強，當你的掌控性相對強的時候，你對話的品質就會相對高。

我曾經碰到一個客戶說，他的鄰居夫妻兩個都是公務員五十五歲就退休，每個月都出國玩，客戶說：覺得又羨慕又嫉妒。當客戶談到這個畫面，我就問他以下幾個問題：

你覺得要過像鄰居這樣的生活品質，需要做什麼？

你的鄰居的退休生活，為何可以過得這麼有品質？

退休後你要成為手心向上或手心向下的人？

你要成為手心向下手的人，現在要做哪些規劃？

這位客戶講很多他看到的，他腦海中存在的畫面，自然而然我們對談的題材就出來了，這是他覺得必要做的，所以整個退休規劃的對談問句設計，一定是從這裡開始。其實做子女教育基金規劃、醫療重疾規劃、家庭保障都是同樣的概念，這個必要性要先跟客戶探討出來，如果客戶覺得有必要性，我們才能跟他手牽著手，共同去執行這個計畫。

（二）退休問句及排列順序

【學員設計的問句】：

1. 你父母親的退休生活品質是你想要的嗎？

2. 你身邊的朋友有誰的退休生活，是你想要的樣子？

3. 有一個好的退休生活重要嗎？為什麼？

4. 你希望的退休生活品質是如何？

5. 你覺得退休後如何過得有尊嚴？

6. 你覺得不做退休規劃未來會如何？

7. 你想自己安排退休生活？還是讓子女來安排？

8. 你覺得不做退休規劃對你有什麼好處？

9. 你有想過退休要準備多少錢嗎？你覺得要用多久的時間去準備？

10. 你有想過退休的事嗎？你覺得什麼時候開始規劃比較好？

【建議版】

1. 你父母親的退休生活品質是你想要的嗎？

> 建議：請問你父母親是否已退休？
> 建議：你父母親退休生活品質是你想要或不想要的嗎？

2. 你身邊的朋友有誰的退休生活是你想要的樣子？

> 建議：你身邊的親朋好友有誰的退休生活是你想要的樣子？

3. 有一個好的退休生活重要嗎？為什麼？
4. 你希望的退休生活品質是如何？
5. 你覺得退休後如何過得有尊嚴？

> 建議：你未來要不要過有尊嚴的生活？
> 建議：你覺得有尊嚴的生活到底是長什麼樣子？什麼畫面？

6. 你覺得不做退休規劃未來會如何？

建議：你覺得不做好退休規劃，未來的生活品質會如何？

7. 你想自己安排退休生活？還是讓子女來安排？
8. 你覺得不做退休規劃對你有什麼好處？
9. 你想要尊嚴的退休生活需要準備多少錢嗎？
10. 你覺得要用多久的時間去準備？

我覺得這組有一個問題非常有創意：**你覺得不做退休規劃對你現在有什麼好處？**

這句設計的很棒！非常有創意！客戶常回答我們不用規劃，我們就逆向確認，你覺得不做是對你有什麼好處？

這個問題非常到位，因為我們一直跟客戶說退休規劃很重要你一定要做，可能就會形成對立；但這問句會把所有的問題倒回去給客戶，客戶自己思考，換客戶說給我們聽，你不做的好處是什麼？這時候你要做記錄，記錄他講的所有好處，實際上很多客戶是說不出任何好處的。

你希望的退休生活品質是如何？

有一個好的退休生活重要嗎？為什麼？

你覺得退休後如何過得有尊嚴？

　　建議改成：你未來要不要過有尊嚴的生活？把退休 2 個字拿掉，我直接問你未來要不要過有尊嚴的生活，這就沒有時間的限制了，因為一般人想到退休，習慣性就是想到 60、65 歲，**我們在問句用詞上要突破時間的限制。**

　　我們自己要先跳出來，為什麼我要跟各位談，真正退休是客戶的財務狀態達到財務自由，或被動收入超過必要支出，而不是我到了幾歲有多少錢；當然我們今天談退休，你要把退休放進去也可以，但是有必要跳出來，問客戶你未來要不要過有尊嚴的生活？然而客戶未來要不要過有尊嚴的生活？需要什麼來支持？這個答案我們都非常清楚，但是不能由我們來說，一定要從客戶的嘴巴說出來！

　　這時客戶他只能回答要與不要而已！這個問句的力道會比：你覺得退休後如何過有尊嚴的生活？還更有力道。

你父母親的退休生活品質是你想要的嗎？

你身邊的朋友有誰的退休生活是你想要的嗎？

這 2 個問句在探索客戶腦袋的記憶，高品質對談一定要從客戶腦袋的記憶萃取提問的元素，再用客戶的元素變成問句，用問句喚醒客戶的記憶讓客戶說出來；因為這樣的提問會讓客戶更有感覺，也會讓客戶覺得跟他自己習習相關，同時這 2 個問句也可以改成另外 2 個問句。

你父母親退休生活品質是你想要或不想要的嗎？
你身邊的朋友有誰的退休生活是你想要或你不想要的？

這兩邊都可以提問，因為客戶父母親的退休生活，客戶自己最清楚，再來這兩個問句可以擺在開場的問句；一談到退休及有尊嚴的生活品質，我們就馬上可以把他的父母親，跟他生活周遭已經退休的親朋好友連結在一起，使用客戶既有的生活經驗，這裡面一定有很多他認為好的與不好的退休生活，因為這是客戶最容易回答的；我們也最容易了解，客戶對於退休規劃的想法與認知。

你覺得什麼時候可以開始？

這個問句比較屬於對談中段時使用。如果客戶決定他要過有尊嚴的生活，接下來我們就問客戶，你覺得有尊嚴的生

活到底是長什麼樣子？什麼畫面？

要讓客戶講，不是我們講；客戶講出來以後，自然而然就會談到，每年需要花多少錢？倒算回來現在開始每年要存多少錢？才能夠過著有尊嚴的生活。

你有沒有想自己安排退休生活，還是讓子女安排？

這個問句也可以拿到對談前期來使用，也可以改成：在你認識的所有朋友當中，有哪些人的退休生活是由子女在安排的？

你有沒有想過有尊嚴的生活要準備要多少錢？
你覺得該用多少時間來準備？

這個問句我會放在對談的後期提出。因為客戶一旦決定想要做了，客戶要有尊嚴的生活，才有資源分配；客戶決定調整資源分配時，下一個要討論的，就是客戶現在有多少資源可以拿出來，及要用多少時間準備那些錢出來。

退休規劃問句元素

逃避痛苦 不做的影響	VS	追求快樂 有做的影響
下流老人	①	有尊嚴
子女負擔	②	隨心所欲
沒有尊嚴	③	回歸公益
擔心度日	④	家庭和樂
無法承受病痛	⑤	有品質的生活
沒有朋友	⑥	長壽

【建議時刻】

01 ／請問您有沒有想過幾歲退休？

．．

〔建議版一〕
請問您覺得何時可以退休？哪些因素決定您何時退休？

原本的問句有個很大的盲點：我們無法確定客戶說出的退休年齡是否正確。假如有位四十歲客戶告訴你，他想在六十五歲退休，但是到時候他真的願意退休嗎？或是想退休卻無法退休？

其實，能不能退休的關鍵，是現在擁有多少財富，或是退休時擁有多少退休金。

一開始提問就要具備關鍵性與震撼性，我們必須先請客戶思考，**能否退休的關鍵因素是「時間」還是「金錢」**？客戶若是誤認時間才是關鍵，而我們也沒有試著將客戶拉回正軌，可能會被客戶帶著走，進而提出許多不相關的問題。

若是使用原本的問句，客戶應該無法篤定回答，因為他們幾乎無法確定自己可以在幾歲退休。當然，他們還是會說出一個數字，例如六十五歲，因為這是目前勞工保險的法定退休年齡；不過，這只是個粗淺印象，到了六十五歲真的能退休嗎？

　　錯誤的提問方式無助於瞭解客戶的想法，我建議修改的問句，就是要讓客戶思考：到底是法定年齡一到就能退休，還是自己掌握退休主導權更好？

　　其實每個人能掌控的只有金錢，時間無法被掌控。退休金若是足夠了，可以選擇退休或不退休；退休金若是不足，法定年齡到了還是要繼續工作。因此，唯有提問方式正確，才能協助客戶針對問題做深度思考，也引導客戶往正確的方向思考。

〔建議版二〕
請問您覺得主導退休時機的關鍵因素是什麼？

　　這個問句的修改方式類似前一個建議，目的還是要確認客戶的想法。
　　假如客戶回答「金錢」，這就是我們要討論的重點，可

以立即對得上話；假如客戶回答「時間」，就要繼續追問他們的想法了。

許多壽險夥伴比較習慣詢問，客戶打算幾歲退休、需要準備多少錢？從不會詢問他們是怎麼想的、概念從何而來？搞不好他們只是隨便回答，這樣我們就很難進一步了解客戶真正的想法。

其實你可以充滿好奇地詢問他們：為什麼是六十五歲，不是六十歲，也不是五十五歲？多提出幾個選項讓客戶思考，他們就會覺得原本的思考不夠深入；而當客戶的思考不夠深入或清晰時，你提出的規劃都會被客戶拒絕，因為這不是他們真正想要的。

我建議修改的重點：是導向金額，這樣才能真正進行規劃。舉例而言，假如一位四十歲客戶希望六十歲退休，而且認為擁有三千萬退休金才足夠，就要跟他討論每年必須存下多少錢？實際的數字攤開來計算，就會發現這樣的規劃難度很高，甚至不切實際。所以，我們必須重新讓他省思，有沒有可能提高收入，或是延後退休年齡？這樣的討論也能順便切入家庭支出，與家庭保障規劃。

當然，客戶可能會提到，勞保年金也是退休金的一部分；若是如此，我們就要反問他：「您覺得勞保年金足夠嗎？」這個問題丟出去後，客戶還是必須面對勞保年金不足，甚至政府財源困難的現實。

　　總而言之，第一個問句就是個開宗明義的問題，重點是蒐集資料，再根據客戶的回答詢問下去。

　　我們是在確認方向，而非為難客戶，透過提問來協助客戶建立清晰的概念。假如不是客戶自己想出來的，而是被其他人灌輸，這樣的概念不僅不清晰，也相當不穩定。我們與客戶的對談，若是建立在不穩定的答案上，絕對不會成功。

　　像許多企業家，明明財富多到用不完，卻還是拚命工作，就是不想退休，因為他們已經不是在為金錢工作。如果開宗明義沒問清楚，一定會陷入死胡同，畢竟他們根本不想討論退休規劃。這時應該另闢戰場，把話題轉到資產傳承。

02 ／請問您覺得需要準備多少錢才能退休？

● ●

〔建議版〕

請問您覺得需要準備多少錢，才能擁有想要的退休生活？

提問時必須把重點說清楚，否則客戶說出的就是模糊的答案。

我的修改建議重點是「想要的退休生活」，準備多少錢只是一種「手段」，想清楚什麼樣的退休生活是自己想要的，準備這些退休金才有意義。

如果客戶沒思考過這個問題，可能一下子不知如何回答，我們必須先改變問句方向：「請問您想要擁有什麼樣的退休生活品質呢？」先讓客戶描述畫面，才能推算退休生活需要多少錢？再來思考如何準備這筆退休金。否則，有些客戶可能會故意說：「每餐一碗滷肉飯，一天一百元就夠了。」

所以，壽險夥伴一定要先確認，客戶真正的想法與期望；光是退休後要不要出國旅遊，想不想常常發零用錢給兒孫，

需要準備的退休金就有很大的差距。客戶的動機越強，可提撥的規劃金額就越多。

03／請問您現在做了什麼退休準備？運用哪些工具？滿意目前的操作成果嗎？

‧‧

〔建議版〕
請問您的退休規劃準備，能夠承受多少風險？

原本的問句同樣缺乏精準度，詢問客戶是否滿意目前的操作成果，客戶可能回答「還好」、「很好」或「虧損」。但關鍵在於，退休規劃準備能夠承受虧損的風險嗎？

所以，我們必須直搗黃龍、正面對決；直接請客戶思考退休規劃準備，及退休後沒有工作收入之下，能否承受任何風險，甚至還要詢問：「退休生活能重來嗎？遇到風險怎麼辦？」藉此確認客戶對退休規劃的想法。

假如客戶將退休規劃準備全部投注在股市，我就會詢問：「請問您打算賺取價差還是股利？會不會擔心虧損？萬

一虧損了怎麼辦？」假如客戶寄望透過收房租取得退休金，我就會詢問：「這些房子有沒有房貸？若是沒人要租賃，該怎麼辦？萬一房客毀損房子，該怎麼辦？」

源源不斷的現金流，才是退休規劃的關鍵；假如有任何風險，影響到源源不斷的現金流，一定要提醒客戶慎重考慮，原本的規劃方式是否適當？

04／請問您思考過退休時，想要什麼樣的生活嗎？

〔建議版一〕
請問您思考過退休時，想要什麼樣的生活品質嗎？

〔建議版二〕
請問您是否思考過，有無可能發生了某些狀況，導致您無法享有理想中的退休生活品質？

退休生活過得好不好，主要決定在生活品質；詢問客戶「想要什麼樣的生活」，其實不夠精準。

同樣地，提出這樣的問句時，應該追問客戶能否承受，退休金出現虧損風險。如果客戶慎重思考後，認為無法承擔風險，我們就建議客戶，必須規劃源源不絕的退休金，就像軍公教人員的終身俸，活多久領多久。

05 ／退休時，若是無法過您想要的生活，請問您的感受如何？會產生什麼影響？

〔建議版〕

到了退休時機點，若是無法過您想要的生活，請問您的感受如何？會產生什麼影響？

　　這個問句只有一個小問題，就是不夠精準，所以我將「退休時」改成「退休時機點」；讓客戶回答得更到位，問句越到位，越有利於整體規劃，我們對客戶的幫助也越大。

06 ／ 如果準備不足，您覺得對您的家人，會受到什麼影響呢？

● ●

〔建議版〕
如果退休金準備不足，您覺得對誰的影響最大？
或您覺得誰會受到最大的影響呢？

原本的問句不夠精準，因為只提到「準備不足」，卻沒提到什麼東西準備不足。特別提醒各位壽險夥伴，設計問句時一定要謹慎；「人事時地物」都要指涉得清清楚楚，客戶才能聽懂你的問題，也才有機會說出盡可能精準的答案。若是連問題都無法清楚瞭解，更遑論說出精確答案了。

此外，原本的問句直接鎖定了「您的家人」，這個提問跳得太快，畢竟你不見得知道客戶有哪些家人？甚至，退休金準備不足，也有可能對客戶的家人，不會產生任何影響，反而是對「其他人」產生影響。這樣的問句瞬間變成封閉式問句，客戶直接回答「沒有」，壽險夥伴就很難追問下去，只能另起爐灶。

07 ／請問您有多少預算，來準備您的退休生活？

〔建議版〕
請問您目前願意提撥多少預算，來逐步規劃您的退休金？

　　退休金跟退休生活不同，要規劃的是退休金，而非客戶的退休生活。我們只是協助客戶，盡可能準備足夠的退休金，讓他們享受高品質的退休生活；至於他們如何享受高品質的退休生活，其實與我們無關。同樣要提醒各位，用字遣詞一定要精準。

08 ／如果有個工具能滿足退休期望，請問您願意現在開始規劃嗎？

〔建議版〕
請問您是否思考過，運用哪些工具，才能滿足您的退休生活品質？

原本的提問方法，讓客戶直覺聯想到推銷，客戶會感到有壓力，答案大概就是「沒意願」了。然而，我們要詢問的是客戶的想法，確認客戶是否瞭解各種金融商品，也要確認客戶是否認同我們的想法。

畢竟，養老年金規劃「只有一種工具」，若是直接說出「有個工具」，那就是直接出招了，客戶被迫直接對決。因此，除非已經相當確定，客戶認同我們的退休規劃，至少拉著客戶爬到 75 以上了，否則別直接出招，一翻兩瞪眼。

總而言之，壽險夥伴要跟客戶討論的就是退休金，或是源源不斷的現金流，退休生活品質則是取決於退休金，或是源源不斷的現金流。壽險夥伴能做的，就是協助客戶準備充足的退休金，或是源源不斷的現金流，而且沒有任何風險；至於客戶要不要退休，那是他們的選擇；我們能夠提供協助的，就是客戶想要退休時隨時可退休，因為他們已經準備好了。

◆

最後，提醒各位切記：**設計退休規劃問句時，最關鍵的是「金額」，不是「時間」，因為退休時間取決於金額多寡。**

【退休規劃問句範本】

01：政府為何要呼籲民眾提早進行退休規劃？

02：政府提倡民眾做好退休三項規劃（退休金、醫療、重疾），這當中哪一項是您最重視的？為什麼？

03：無論身體健康與否，請問您覺得哪些是退休後的必要開銷？每個月大約需要花用多少錢？

04：針對未來的退休金，請問您做了哪些規劃？

05：根據政府的統計，每個人一生中平均被照護7．3年，請問您的看法如何？

06：年輕時為家庭犧牲奉獻，請問您將來會如何照顧年老的自己？

07：退休後，請問您想要變成被踢來踢去的足球，還是被大家搶著抱的橄欖球？

08：為家庭工作了一輩子，年老時卻需要孩子奉養，這會是您想要的生活嗎？

09：現代社會少子化，一個家庭通常要照顧四個長輩，請問您有什麼看法？

10：未來的退休金若是比您的生命還短少，請問您有
　　何替代方案？

11：退休金用完後若是還健在，請問您有何因應方法？
　　孩子會如何看待您？

12：退休後的身體狀況肯定會走下坡，若是需要別人
　　協助照料，請問您希望誰來照顧您？對於孩子的
　　家庭生活品質可能造成哪些影響？

13：如果家中父母需要您來承擔這三項費用，您有辦
　　法承擔嗎？能夠承擔多久？如何兼顧自己的家庭
　　和父母呢？

14：如果退休後每月都能領到十萬元，而且是領一輩
　　子，這樣對誰的幫助最大？

15：如果退休後孫子每個假日都來看您，每次都能給
　　他們五千元零用錢，請問您覺得孫子會如何看待
　　您？

16：如果退休後過著高品質退休生活，無需麻煩孩子，
　　請問您覺得這樣對孩子的幫助是什麼？

【學員問句及整理】

學員問句	建議
01 請問您有沒有想過幾歲退休？	請問您覺得何時可以退休？哪些因素決定您何時退休？請問您覺得主導退休時機的關鍵因素是什麼？
02 請問您覺得需要準備多少錢才能退休？	請問您覺得需要準備多少錢才能擁有想要的退休生活品質？
03 請問您現在做了什麼退休準備？運用哪些工具？滿意目前的操作成果嗎？	請問您的退休規劃能夠承受多少風險？
04 請問您思考過退休時想要什麼樣的生活嗎？	請問您思考過退休時想要什麼樣的生活品質嗎？請問您是否思考過，有無可能發生了某些狀況，導致您無法享有理想中的退休生活品質？

【學員問句及整理】

	學員問句	建議
05	退休時，若是無法過您想要的生活，請問您的感受如何？會產生什麼影響？	到了退休時機點，若是無法過您想要的生活，請問您的感受如何？會產生什麼影響？
06	如果準備不足，您覺得對您的家人會受到什麼影響呢？	如果退休金準備不足，您覺得對誰的影響最大？
07	請問您有多少預算來準備您的退休生活？	請問您目前願意提撥多少預算來逐步規劃您的退休金？
08	如果有個工具能滿足退休期望，請問您願意現在開始規劃嗎？	請問您是否思考過，運用哪些工具才能滿足您的退休生活品質？

醫療與重疾保障

高品質對談三秘訣

客戶需求發展三階段

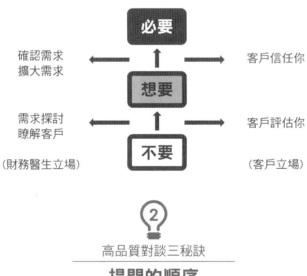

高品質對談三秘訣

提問的順序

從過去式問句出發 ＞ 再到未來式問句 ＞ 再回到現在式問句

高品質對談三秘訣

對談現場6步驟

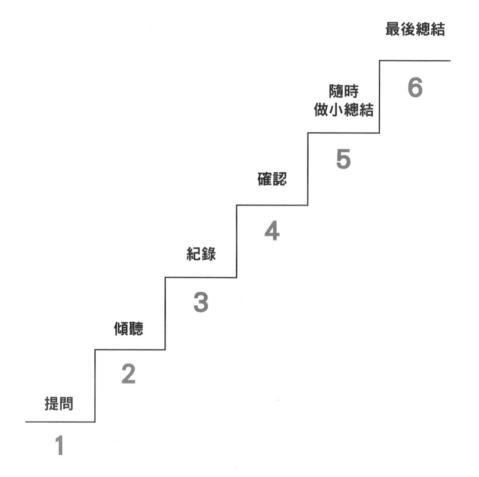

最後總結

6

隨時
做小總結

5

確認

4

紀錄

3

傾聽

2

提問

1

設計醫療重疾問句元素

逃避痛苦 不做的影響	VS	追求快樂 有做的影響
家庭經濟受影響	①	不用擔心生病花錢
拿存款付醫藥費	②	可以選擇好的治療方式 (可選醫生)
子女抱怨、紛爭	③	躺著賺錢
成為人球	④	可選不同國籍的看護
沒有尊嚴	⑤	特定醫生照三餐噓寒問暖
無奈的接受	⑥	有東山再起機會
放棄治療(放生)	⑦	家人輕鬆、病人寬心
一人中風、全家發瘋	⑧	生命更有價值
疾病纏身還要抱病工作	⑨	家庭生活品質不被改變

【建議時刻】

01／萬一生病時，請問您想要選擇雙人病房或單人病房？

∙∙∙

〔建議版一〕
好不容易生病時，請問您想要選擇哪一種病房？

〔建議版二〕
好不容易生病時，請問您想要選擇什麼樣的醫療品質？

　　討論醫療保障不同於退休規劃，退休規劃是描繪美好的未來，醫療保障卻要提及生病的苦痛。為了避免客戶感到不舒服，我們不要將生病描述得很悲慘，所以我特別將原始問句改成「好不容易生病」，而非「萬一生病」，讓客戶覺得健康是正常狀態，生病只是偶爾發生的風險；既然只是偶爾發生，遭遇時就要享受更好的醫療品質。

　　然而，切勿直接提供單人病房或雙人病房給客戶選擇，

這是封閉式問句，直接侷限了客戶的選擇；若是遇到存心唱反調的客戶，搞不好直接回答「健保病房」（三人或四人同一房）。所以，我們要使用開放式問句，詢問客戶想要選擇哪一種病房，不要預設立場，先聽聽他們的想法。

當然，就算運用開放式問句，客戶還是有可能回答健保病房。碰到這種狀況，我們應該直接詢問客戶，為何選擇健保病房？而非預設他們就是要唱反調，進而極力辯解，並強調健保病房有多差。

其實，所有客戶都知道我們要銷售保險，確實偶爾會故意說反話；若是跟著客戶糾纏下去，一直強調健保病房多麼不好，只是徒然製造對立。一定要先瞭解客戶的想法，才不會陷入僵局。

或許，客戶真的害怕孤單，寧願忍受隔壁床的吵雜，也不要選擇單人病房。這時要發揮同理心，表示我們能體會他們的感受；但問題是，雙人病房往往較為擁擠，健保病房就更不用說了，陪伴者缺乏寬敞的休息空間。而且，同病房的病患和陪伴者，很難避免互相干擾，這樣會影響陪伴者的睡眠品質，畢竟陪伴者他們很可能白天必須上班、晚上還要照顧病人。

假如客戶仍然很堅持，不需任何人照顧與陪伴，自己一人住院即可；我們就轉而如此詢問：他們能不能自己決定，什麼情況不需要照顧，什麼狀況需要照顧？千萬不要批評客戶，持續探詢他們的想法即可。我們不能一直在說明，是請他們通盤考量，甚至要考量到陪伴者；等他們思考清楚後，再詢問是否依然堅持，健保病房或雙人病房，是否真能忍受隔壁床的干擾。

　　其實，**單人病房只是一種「概括表述」，更恰當的問句是「什麼樣的醫療品質」**。畢竟，病房差額費用，只是眾多醫療開銷的其中一種，更昂貴的往往是自費用藥與手術醫材，這些都攸關醫療品質的好壞。因此，與其詢問客戶想要選擇哪一種病房，倒不如將範圍拉得更廣，直接詢問他們想要選擇什麼樣的醫療品質。

02 ／家人生病時，會對您的家庭正常運作造成什麼影響？

∙∙∙

〔建議版〕
自己或配偶生病時，您的家庭會如何運作呢？

　　每個家庭狀況不同，壽險夥伴必須瞭解更多訊息，才能進一步討論客戶生病時，會對整個家庭造成哪些影響；或許這個家庭已經備妥應變方案，也或許某些家人必須請假，暫時沒有收入。重點是，壽險夥伴不能隨意揣測，而是要讓客戶自己說出來。

　　最重要的是，我們要引導客戶認同：只要擁有完善的醫療保障，不論自己或配偶生病住院，家人都不必請假，只要帶著鮮花水果去探病，整個家庭依然可以正常運作，這樣的結果是不是客戶要的？有些人生病卻始終無法根治，往往是因為缺乏足夠的醫療保障，家庭收入銳減，只好匆匆出院工作，無法好好調養；遇到這種情況，醫療保障的重要性就會被凸顯出來。

03 ／如果有一天，生病導致收入中斷，您的因應之道會是什麼？

●●

〔建議版〕
如果有一天，一家之主（主要收入來源）生病倒下，您的因應之道是什麼？

我們不清楚眼前的這位客戶，是不是一家之主，也不確定他是不是主要收入來源，所以要將問題定義得更清楚。畢竟，眼前的客戶，是不是主要收入來源，規劃方式就會不一樣。

我們要提醒客戶，除了病房差額，還要考量生病期間可能沒有收入，醫療保障可能也要彌補收入損失。當然，生病與收入中斷是兩回事，有些客戶很幸運，生病時還是有收入，雖然無需仰賴醫療理賠來彌補收入損失，卻也可以運用理賠金聘請更專業的看護，家人的負擔也會減輕很多。

04 ／ 現在已經有全民健保，您會不會很好奇，為何大家還想瞭解醫療保險？

〔建議版一〕

請問您瞭解目前全民健保的保障範圍嗎？

〔建議版二〕

現在人人都有健保，您會不會很好奇，為何還有那麼多人持續增加個人醫療保障？

原本的問句給人感覺有點橫柴入灶，直接暗示客戶要買醫療保險，客戶的回答通常是一翻兩瞪眼：要或不要。所以，應該先瞭解客戶對於全民健保的認知，確認他們認為全民健保，提供的醫療品質是否足夠；如果沒有先討論過，根本就不知客戶的想法，也無法帶著客戶一起討論，健保提供的醫療品質，是否滿足客戶需求的問題。

假如客戶認為，全民健保提供的醫療品質已經足夠，就要繼續提問。

瞭解他們為何覺得：全民健保提供的醫療品質已經足夠。在贊同的立場瞭解客戶，再一一拆解他們的盲點，引導他們思考從未想過的問題。很多壽險夥伴直接暗示客戶「健保是不足的」，直接框住客戶，客戶就會感受到被推銷的壓力時，經常會更堅持，全民健保提供的醫療品質已經足夠，雙方的對談品質就會無法建立共識，這樣的對談場景離成交就會越來越遠。

05 ／住院或手術時，若是需要自費二十萬，您覺得對您會產生什麼影響？

● ●

〔建議版〕
住院或手術時，若是需要自費五十萬，您覺得對您的家庭財務會產生什麼影響？

　　原本的提問有些模糊，我改成「家庭財務」，這樣才能聚焦。同時，我也建議拉高自費金額，客戶比較會有感覺。

　　壽險夥伴要瞭解，一個家庭面臨風險時的緊急調度能力，瞭解這一點才有辦法繼續跟客戶對談。因此，先使用開

放式問句，清楚客戶關心的重點，才能從這個點切入。千萬別挑戰客戶的想法，多用舉例方式，或是真實的理賠案例，讓客戶進入這樣的畫面及場景，喚醒客戶內心的感受或感覺。我們不能吹噓自己的規劃多麼好，這樣就是在推銷；而是要透過問句讓客戶自己說出來，他們才能打從心底認同。

06 ／請問您知道聘請看護每月要花多少錢嗎？

〔建議版〕
請問您瞭解聘請外籍看護每月大概需要花多少錢嗎？

　　第一個修改建議是，將「知道」改成「瞭解」，聽起來比較客氣，不會讓人覺得帶有挑釁意味。畢竟，客戶若是回答「不知道」，感覺似乎很無知。

　　如果客戶回答「瞭解」，就要追問他們到底瞭解多少，或是詢問他們的親友是否聘請過看護。這時立即回到問句結構中的「過去」，從他們的腦袋中抓出經驗，取得對談素材。當然，如果客戶回答「不瞭解」，我們要用舉例方式，或是真實的理賠案例，讓客戶進入這樣的畫面及場景，喚醒客戶

內心的感受或感覺。

第二個修改建議則是，提問不要像警察審問嫌犯，口氣要委婉些，所以在問句中加入「大概」兩字。

假如客戶回答：聘請外籍看護大概每月兩萬元。我會說他蠻有概念的，然後追問他是從哪些管道得知這樣的金額，或是參考什麼依據。客戶若回答是別人家聘請看護才有機會瞭解，我們就請問他跟這戶人家的關係。或許是客戶的親戚，我們就追問親戚家中為何要聘請看護；答案若是老人家住院，還要追問是長期住院還是短期住院。若是短期住院，我們要說這一家人很幸運；若是長期住院，已經好幾年了，就讓客戶知道最近流行一句話：「一人中風，全家發瘋。」

說完這句話之後，仔細觀察客戶的表情。客戶通常會笑出來，這時就要注意客戶是笑得很尷尬，還是在苦笑，或是無所謂地哈哈大笑，不同的笑法代表不同的意思。我們要在客戶腦袋中建立畫面，有了畫面才能更深入討論。

最好的提問方式，就是從客戶腦袋中擷取元素。當然，客戶本身若是沒有經驗，壽險夥伴就要以自身經驗，或是真實的理賠案例，或社會事件為例，協助客戶進入狀況。

07／如果將來遭逢意外傷殘，費用卻還沒準備好，這樣對您的家庭生活品質會產生什麼影響？

....

〔建議版〕
如果昨天遭逢意外傷殘，費用卻還沒準備好，這樣對您的家庭生活品質會產生什麼影響？

　　「昨天」已經過去，使用「昨天」會讓客戶感覺較好，這很明顯只是一種舉例。然而，若是使用「將來」，某些敏感的客戶會覺得我們在詛咒他。這是一種說話藝術，避免客戶感覺不舒服。

08 ／好不容易生病時，您希望誰來照顧您？

....

〔建議版〕
生活起居若是需要別人幫忙時，您希望誰來陪伴您？

提問必須精準又具體，「生病」的範圍太廣泛了，傷風感冒在家休息也是一種「生病」。

家人若是長期臥病在床，任何人照顧久了都會疲憊不堪，我們要讓客戶感受到這種煎熬與辛苦，也要讓他們仔細思考這個問題：萬一遭遇這種不幸，哪個人可以長期照顧他們？而且，真的有辦法長期照顧嗎？或者，兄弟姊妹要如何分攤照護工作才不會傷感情？客戶要思考的：不僅是勞力上的分攤，還有金錢上的分攤。

09 ／若是需要長期照護，您會希望家人辭掉工作全天照護您嗎？

〔建議版〕
若是需要長期照護，您會希望家人如何照顧您？

　　不要直接將「辭掉工作」放入問句中，這是一種封閉式問句，限制了客戶的回答方式，改成開放式問句才能聽到客戶的想法。壽險夥伴當然希望客戶說出家人不要辭掉工作，卻又不會造成家人的負擔，這種答案有助於銷售；假如客戶希望家人辭掉工作，規劃醫療保障的需求（保險的需求）可能就變小了。

　　一般而言，沒人會希望家人為了照顧他而辭掉工作，這種問句卻逼得客戶只能二選一；根據我多年的實務經驗，大多數會購買保險的客戶內心的想法是：當風險發生時，不願意自己造成別人的負擔。

【醫療保障問句範本】

01：請問您會擔心生病嗎？

02：請問您最擔心生什麼病？

03：當您生病（住院）或家人生病（住院）時，您會聯想到什麼？

04：因病或因傷住院時，請問您覺得對病情有幫助的是什麼？

05：當我們臥病在床時，心裡掛念的會是哪些事情呢？

06：請問您覺得小病和重病對經濟的影響有何差異呢？

07：如果您對小病有準備，那麼，對於重病的準備有哪些？

08：請問您覺得小病會花到哪些錢？重病又會花到哪些錢？

09：萬一因意外或生病，需要療養（治療）一段時間而無法工作，您會如何應付這段期間的開銷呢？

10：萬一因意外或生病造成收入中斷，對於家人可能產生哪些影響？對於生活、孩子或房貸會產生哪

些影響呢？

11：親人若是罹患重病，需要長期治療，請問您會如何協助？

12：家中經濟來源若是因病或因傷而收入中斷，您的「家庭急用金」可以撐多久？對於家庭經濟的穩定度會造成哪些影響？

13：請問您有沒有預留「家庭急用金」？您覺得什麼情況會使用到呢？

14：「家庭急用金」若是需要支付醫療費用，您覺得最多能提供多少？

15：如果「家庭急用金」不夠支付醫療費用，您覺得對病人或家人會造成哪些影響？

16：身體健康時，我們能為自己和家人做哪些事？這些事會產生什麼影響？

17：身體不健康時，我們能為自己的身體做些什麼？對於家庭又會產生什麼影響？

18：身體不健康時，有什麼辦法可以過著穩定生活，而不影響家庭經濟？

19：身體不健康時，有什麼辦法可以過著穩定生活，

而不影響家庭生活品質？

20：您覺得最令您難以支出的是什麼？為什麼？有何
　　影響？

21：當我們因生病或受傷而必須長期治療時，對個人
　　會造成哪些影響？對配偶、子女、父母或兄弟姊
　　妹又會造成哪些影響？

【長期看護規劃問句範本】

01：請問您周遭是否有親朋好友長期臥病在床？他們通常是誰在照護？

02：未來若是長達二十年沒有收入，請問您會擔心哪些事情？

03：前述擔心的那些事情，對您的生活會造成哪些影響？家人需要長期照護會延伸出哪些問題？對您會造成哪些影響？

04：失能失智時，您覺得看護與生活費每月大概需要多少？對於家人會產生什麼影響？

05：若是無法自理生活，請問誰會幫您處理？對於退休會產生什麼影響？

06：長期臥病在床時的照護必要開銷有哪些？如何長期支付呢？

07：需要長期照護時，哪些家人可以幫忙照顧呢？

08：需要長期照護時，對於子女的生活會產生什麼影響？

09：如果可以免費解決，長期看護的支出損失，對您
　　會有幫助嗎？

10：在沒有收入的情況下，家庭的緊急預備金能應付
　　多久？若是不夠，該如何解決呢？

11：家庭責任期間若是無法工作，對於房屋貸款和子
　　女教育費用會產生什麼問題？

12：在不影響生活品質的情況下，提供五百萬看護費
　　用對您是否有幫助？

【學員問句及整理】

	學員問句	建議
01	萬一生病時，請問您想要選擇雙人病房或單人病房？	好不容易生病時，請問您想要選擇哪一種病房？ 好不容易生病時，請問您想要選擇什麼樣的醫療品質？
02	家人生病時，會對您的家庭正常運作造成什麼影響？	自己或配偶生病時，您的家庭會如何運作呢？
03	如果有一天，生病導致收入中斷，您的因應之道會是什麼？	如果有一天，一家之主（主要收入來源）生病倒下，您的因應之道會是什麼？
04	現在已經有全民健保，您會不會很好奇，為何大家還想瞭解醫療保險？	請問您瞭解目前全民健保的保障範圍嗎？ 現在人人都有健保，您會不會很好奇，為何還有那麼多人持續增加個人醫療保障？

【學員問句及整理】

	學員問句	建議
05	住院或手術時，若是需要自費二十萬，您覺得對您會產生什麼影響？	住院或手術時，若是需要自費五十萬，您覺得對您的家庭財務會產生什麼影響？
06	請問您知道聘請看護每月要花多少錢嗎？	請問您瞭解聘請外籍看護每月大概需要花多少錢嗎？
07	如果將來遭逢意外傷殘，費用卻還沒準備好，這樣對您的家庭生活品質會產生什麼影響？	如果昨天遭逢意外傷殘，費用卻還沒準備好，這樣對您的家庭生活品質會產生什麼影響？
08	好不容易生病時，您希望誰來照顧您？	生活起居若是需要別人幫忙時，您希望誰來陪伴您？
09	若是需要長期照護，您會希望家人辭掉工作全天照護您嗎？	若是需要長期照護，您會希望家人如何照顧您？

家庭與個人保障

高品質對談三秘訣

客戶需求發展三階段

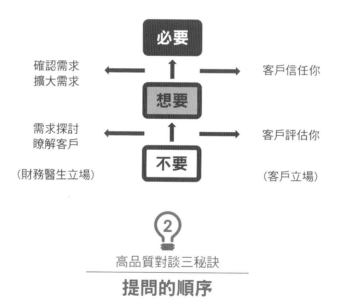

高品質對談三秘訣

提問的順序

從過去式問句出發 ＞ 再到未來式問句 ＞ 再回到現在式問句

對談現場6步驟

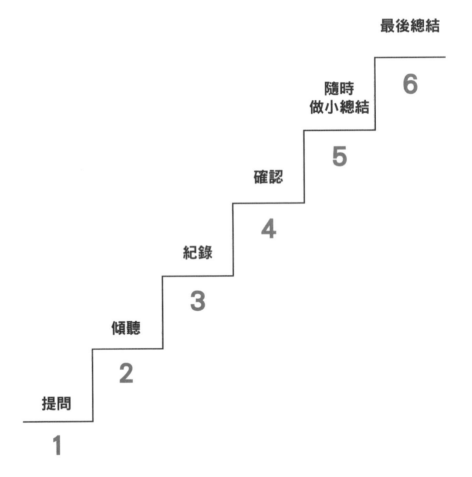

最後總結

6

隨時
做小總結

5

確認

4

紀錄

3

傾聽

2

提問

1

設計個人及家庭保障問句元素

逃避痛苦 不做的影響	VS	追求快樂 有做的影響
孩子叫別人爸爸	①	家庭有防護罩
老婆改嫁	②	生活經濟穩定
老婆一天兩份工	③	有安全感、情緒穩定
孩子休學，賺生活費	④	經濟支柱不在、家還在
家庭財務入不敷出	⑤	家庭生活品質穩定、 不受風險影響
家人生活品質變差	⑥	活得自在、走得安心
馬路賣玉蘭花	⑦	孩子不用為了家庭經濟 放棄興趣、人生夢想

【學員問句建議】

01／請問您是家庭主要收入來源嗎？

- -

〔建議版〕
請問誰是家庭主要收入來源？

　　本書不斷強調一個重點：先使用開放式問句，廣泛蒐集客戶的資訊，聆聽他們的想法，瞭解需求與痛點。當客戶的頻率逐漸與我們一致，幾乎認同我們的理念與規劃，才能使用封閉式問句，取得客戶認同。若是一開始就使用封閉式問句，逼得客戶直球對決，大多數情況就是踢到鐵板。

　　這個問句的修改建議，就是先瞭解「誰」才是主要收入來源，聽聽客戶的說法，而非自以為是地揣測，直接用封閉式問句來提問。

02 ／請問您覺得賺多少錢才能支付所有家用？

• •

〔建議版〕
請問您覺得家中每月的必要開支大概多少？

　　壽險夥伴要強調「家中必要的」開支，因為這是絕對不能省的，如此才能明確知道客戶手上的資源有多少。

03 ／請問家中的重大財務計劃由誰決定？

• •

〔建議版〕
請問您覺得「家中重大財務計劃」包含哪些範圍？由誰決定？

　　若是一開始就詢問，家中重大財務計劃由誰決定，客戶心中所想的重大財務計劃，不見得跟我們一樣；（或許他們會回答某個人，但這個人掌管的重大財務計劃，其實不是我們打算討論的重點。）

因此，必須先請客戶定義何謂「家中重大財務計劃」，等客戶回答後，我們再詢問這個「家中重大財務計劃」，是一個人的想法，還是跟配偶討論出來的結果；確認之後，再詢問下去，最後做決定的人事，他們的答案是我們想要討論的方向，才有辦法繼續詢問。

04／家庭收入若是中斷，請問您的備用計劃是什麼？

〔建議版〕
若是發生哪些情況，可能造成家庭收入中斷？請問您的備用計劃是什麼？

原本的問句有個順序上的錯誤：還沒跟客戶，討論家庭收入為何會中斷，就直接跳到備用計劃。或許，客戶根本不清楚哪些情況會造成家庭收入中斷。

正確的提問順序應該是：先探詢客戶認為哪些情況會造成收入中斷，詳細討論這些情況，再詢問客戶有哪些備用計劃，以及這些備用計劃是否可行。

05 ／請問您的家庭緊急備用金可以用多久？

∙∙

〔建議版〕
請問您目前有準備家庭緊急備用金嗎？大概可以用多久？

　　壽險夥伴經常會出現類似錯誤，原本的問句同樣直搗黃龍，劈頭就問客戶的家庭緊急預備金可以用多久？這樣的提問不是很精準（錯誤的），應該先瞭解客戶是否已有準備，或是金額多少，再詢問他們是根據什麼標準來準備，再討論是否足夠、可以用多久？萬一客戶根本沒有準備，反而必須先請教他們為何沒想過要準備。

06 ／若是付不出房貸，您覺得對家庭生活會造成
　　　什麼影響？

∙∙

〔建議版〕
您覺得將來有可能發生哪些情況，導致付不出房貸？

原本的問句同樣跳得太快，還沒瞭解客戶的經濟狀況，就直接詢問付不出房貸的影響。還是必須先聆聽客戶的想法，搞不好客戶完全不會有付不出房貸的問題。有些人擁有很多現金，買房根本無需房貸，只是房貸利率很低，而且銀行都拜託這些人貸款。因此，還沒搞清楚客戶的經濟狀況之前，直接提出原本的問句就會碰壁，無法繼續討論。

07／萬一收入中斷，太太會不會被迫出來工作？　　　　對孩子會造成什麼影響？

‧‧‧

〔建議版〕
萬一收入中斷，請問您和太太如何處理這種情況？

　　原本的問句一次處理兩個問題，同時面對兩個問題不好回答，不知重點在哪裡，客戶通常只會挑其中一個問題來回答。因此，設計問句時必須切記：一次提問一個問題就好。我建議修改的問句先鎖定收入中斷，然後提出開放式問句，探詢客戶的想法，確認客戶的想法再繼續追問，沒有確認可能誤解客戶的意思。

08／如果孩子很優秀，您卻無法栽培，將來孩子會不會埋怨？

〔建議版〕
如果孩子很優秀，您卻無法讓他接受應有的高等教育，將來孩子會如何看待這件事？您會如何看待這件事？

原本的問句有兩個盲點：首先，「栽培」的範圍太廣，在國內就讀公立大學是一種栽培，送到國外攻讀博士也是一種栽培；範圍拉得太廣，很難聚焦討論。

其次，這樣的問句客戶極有可能直接塞回一句話：「我辛苦賺錢養家，孩子有什麼資格埋怨？」

因此，我建議將「栽培」修改成「應有的高等教育」，將範圍限制在高等教育；至少，大多數父母都不會反對子女需要接受高等教育。然後將「會不會埋怨」這種封閉式問句修改成「如何看待」這種開放式問句，讓客戶馬上轉換立場，站在孩子的角度來看父母親的角色，為何又要詢問這個「您會如何看待這件事？」問句？這個問句是相當有力量的，它

的力量在哪裡呈現？就是把負責任父母親的角色帶進來，跟
「應有的高等教育」這件事連結在一起。

家庭與個人保障問句範本

01：請問您每天認真工作是為了什麼？

02：請問您的收入帶給家庭或家人哪些影響？

03：請問誰是穩定家庭經濟最重要的人？

04：請問您的收入穩定度，對於家庭或家人生活品質有何影響？

05：請問您如何維持收入的穩定度？

06：是否可能發生了什麼事情影響到您的收入？

07：如果三個月沒收入，會不會影響到家庭生活品質的穩定度？

08：如果是半年沒收入呢？對於家庭生活的穩定會產生什麼影響？

09：如果長期沒收入呢？您的準備是什麼？（會打算貸款嗎？）

10：如果家庭急用預備金不夠，您會控管生活品質或子女教育支出嗎？

11：降低生活品質對您和家人會產生什麼影響？

12：如果孩子沒接受預期的栽培和教育，對於孩子的未來會產生什麼影響？

13：遭遇什麼事件會讓人失去工作能力，無法繼續工作？

14：一個人重殘時有沒有辦法工作？對誰的影響最大？

15：一個人重病時有沒有辦法工作？對誰的影響最大？

16：如果一個人不幸走了，他把責任留給誰？留給家人哪些影響？

【學員問句及整理】

學員問句	建議
01 請問您是家庭主要收入來源嗎？	請問誰是家庭主要收入來源？
02 請問您覺得賺多少錢才能支付所有家用？	請問您覺得家中每月的必要開支大概多少？
03 請問家中的重大財務計劃由誰決定？	請問您覺得「家中重大財務計劃」包含哪些範圍？由誰決定？
04 家庭收入若是中斷，請問您的備用計劃是什麼？	若是發生哪些情況，可能造成家庭收入中斷？請問您的備用計劃是什麼？

【學員問句及整理】

學員問句	建議
05 請問您的家庭緊急備用金可以用多久？	請問您目前有準備家庭緊急備用金嗎？大概可以用多久？
06 若是付不出房貸，您覺得對家庭生活會造成什麼影響？	您覺得將來有可能發生哪些情況，導致付不出房貸？
07 萬一收入中斷，太太會不會被迫出來工作？對孩子會造成什麼影響？	萬一收入中斷，請問您和太太如何處理這種情況？
08 如果孩子很優秀，您卻無法栽培，將來孩子會不會埋怨？	如果孩子很優秀，您卻無法讓他接受應有的高等教育，將來孩子會如何看待這件事？您又會如何看待這件事？

子女教育金規劃

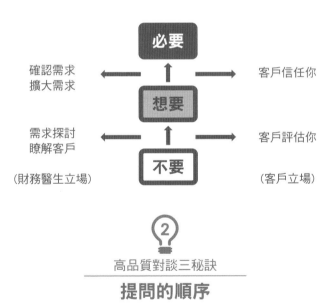

高品質對談三秘訣

客戶需求發展三階段

	必要	
確認需求 擴大需求	↑ 想要	客戶信任你
需求探討 瞭解客戶	↑ 不要	客戶評估你
（財務醫生立場）		（客戶立場）

高品質對談三秘訣

提問的順序

從過去式問句出發 ＞ 再到未來式問句 ＞ 再回到現在式問句

對談現場6步驟

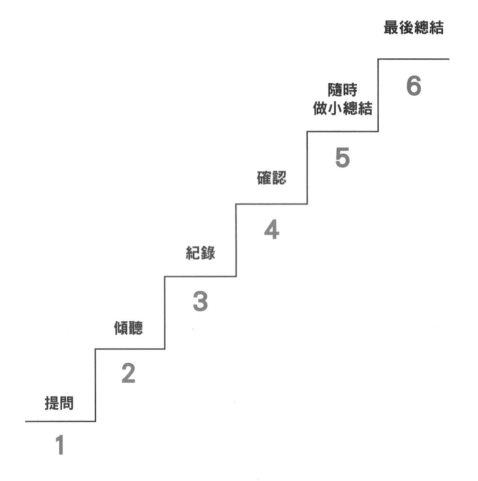

設計子女教育基金問句元素

逃避痛苦 不做的影響	VS	追求快樂 有做的影響
成為啃老族	①	孩子贏在起跑點
找不到好工作	②	開拓更高視野及增加人脈
找不到好對象	③	孩子有更好的工作
容易被子女抱怨	④	孩子的人生有更多的選擇
孩子沒自信、輸人一截	⑤	有優越感
不負責任的父母	⑥	孩子可以朝興趣發展
父母心中永遠的痛	⑦	光耀門楣

【學員問句建議】

01 ／請問您的孩子現在幾歲？有幾個孩子？

02 ／請問您對孩子的高等教育有什麼樣的期許？

03 ／請問您已經規劃高等教育基金了嗎？

04 ／請問您希望子女出國接受高等教育嗎？

05 ／請問您認為子女的高等教育基金需要準備多少錢？

＊＊＊＊＊＊＊＊＊＊＊＊＊＊＊＊＊＊＊＊＊＊＊＊＊＊＊＊＊＊

　　想要協助客戶規劃子女教育基金，當然必須先探詢相關資料？幾個孩子？孩子幾歲？對於子女教育的期許？這些都跟教育基金的金額有關。所以，一開始還是要運用開放式問句，來蒐集相關資料。

06 ／關於孩子接受高等教育的學費，請問您希望是孩子自己打工準備，還是您幫忙準備？

● ●

〔建議版〕

關於孩子接受高等教育的學費，請問您覺得是孩子自己打工準備，還是您幫忙準備？

　　這次修改的重點主要是「希望」與「覺得」的差異。「希望」放在未來，只是一種期望，或是一種憧憬。「覺得」則是對現況的解讀，這會牽涉到客戶幫孩子規劃的意願。我們必須先瞭解客戶的經濟能力，測試客戶對這件事的看法。

07 ／根據現有的預算，請問您會如何分配子女教育基金？

● ●

〔建議版〕

依據現有的資源分配，子女教育基金規劃大概會佔用多少支出比例？

原本的問句不夠精準，修改後的問句能讓客戶詳細計算，直接面對數字與資源才能全盤考量。

08 ／請問您滿意國內目前的教育制度嗎？

〔建議版〕
請問您對於國內目前的高等教育環境有什麼看法？

原本的問句仍是封閉式，答案只有滿意或不滿意，而且多數人應該都會覺得不滿意。唯有改成開放式問句，才能瞭解客戶真正的想法。

基本上，使用封閉式問句已經在預設方向，壽險夥伴一定希望聽到客戶說出「不滿意」，這樣才有規劃教育基金的空間。可是，雖然大多數人應該會說不滿意，卻還是有少數人可能回答滿意；不論這些人是故意或如此認為，總之就問不下去了。畢竟，國內的高等教育費用不算太昂貴，一般中產階級不難應付；然而，若是要出國接受高等教育，就是一筆不小的開銷，必須提早規劃。

使用開放式問句才能讓客戶暢所欲言，甚至讓他們說出滿意與否的其他答案，如此才能找到更多蛛絲馬跡，提供更適當的規劃方案。

09／請問您對自己的教育程度和過去經驗滿意嗎？您的學費從哪裡來？

．．

　　這個問句主要是探詢家長個人的經驗，瞭解家長過去的成長背景，他們的教育背景與成長經驗，會影響自身對孩子的教育期望。

10／請問您希望孩子幾歲開始獨立工作？

．．

〔建議版〕
在教育方面，請問您想要栽培孩子到幾歲？

　　原本的問句不夠精準，乍看之下，「何時開始獨立工作」與「栽培孩子到幾歲」似乎等同，但其實只是相關。很多時

候，父母只想栽培孩子到大學畢業，但是孩子自己爭氣，爭取到獎學金，一路攻讀到碩士博士後，才開始獨立工作。

11／請問您有多少時間準備教育基金？

....

〔建議版〕
請問您認為幫孩子備妥高等教育基金，是誰的責任？

原始的問句同樣犯了「跳得太快」的錯誤，已經先入為主認為，父母必須幫孩子準備教育基金。這樣還是有風險，客戶可能直接回答：他不需幫孩子準備教育基金。

因此，這裡同樣是將封閉式問句改成開放式問句，先確認客戶覺得應該由誰，來準備這筆基金。如果客戶認為應該由孩子自己準備，那就請問客戶：從父母的角度來看，孩子應該如何準備？為什麼他們認為，應該由孩子自己準備？畢竟，你要確認客戶是否說真話，有些人確實想要訓練孩子獨立自主，有些人只是想打發你。此外，提出開放式問句，也能大概探詢客戶的經濟狀況。

12／如果沒有事先備妥教育基金，對孩子會產生哪些影響？

....

〔建議版〕
如果沒有事先備妥高等教育基金，對孩子的將來會產生哪些影響？

　　原始問句依然不夠精準，我們要詢問的，到底是對孩子的「現在」產生影響，還是對孩子的「將來」產生影響？「將來」可能是指工作或人脈，接受更高的教育，將來的機會當然較多，周遭人脈也會更強。

子女教育金問句範本

01：請問您認為栽培一個小孩，完成高等學歷大概需要多少錢？

02：請問您認為栽培子女接受高等教育，必須具備哪些條件？

03：請問您目前已經準備了多少？放在哪些理財工具？

04：請問您讓孩子接受高等教育的目的是什麼？

05：您認為孩子必須具備什麼樣的學歷，才能成為人中之龍（鳳）？

06：請問您覺得讓孩子完成高等教育是誰的責任？

07：關於栽培子女這件事，請問您和配偶有什麼樣的共識？

08：請問您和配偶會如何準備子女教育基金？

09：對父母而言，有無備妥教育基金的差別在哪？

10：可能會影響您規劃子女教育基金的事情有哪些？

11：孩子完成高等教育後，對孩子的未來發展有何影響？

12：在什麼樣的情況下，您可能會調降子女教育準備
金？

13：如果孩子無法順利完成高等教育，對於他的一生
會產生哪些影響？

14：如果孩子無法順利完成高等教育，對於未來的工
作發展會產生哪些影響？

15：如果孩子無法順利完成高等教育，對於未來的人
際關係會產生哪些影響？

16：如果孩子無法順利完成高等教育，對於未來的婚
姻會產生哪些影響？

17：備妥子女教育基金之後，您認為對孩子的幫助是
什麼？

18：備妥子女教育基金之後，您認為對整個家庭的幫
助是什麼？

【學員問句及整理】

	學員問句	建議
01	關於孩子接受高等教育的學費，請問您希望是孩子自己打工準備，還是您幫忙準備？	關於孩子接受高等教育的學費，請問您覺得是孩子自己打工準備，還是您幫忙準備？
02	根據現有的預算，請問您會如何分配子女教育基金？	依據現有的資源分配，子女教育基金規劃大概會佔用多少支出比例？
03	請問您滿意國內目前的教育制度嗎？	請問您對於國內目前的高等教育環境有什麼看法？
04	請問您希望孩子幾歲開始獨立工作？	在教育方面，請問您想要栽培孩子到幾歲？
05	請問您有多少時間準備教育基金？	請問您認為幫孩子備妥高等教育基金，是誰的責任？
06	如果沒有事先備妥教育基金，對孩子會產生哪些影響？	如果沒有事先備妥高等教育基金，對孩子的將來會產生哪些影響？

資產保全規劃

高品質對談三秘訣

客戶需求發展三階段

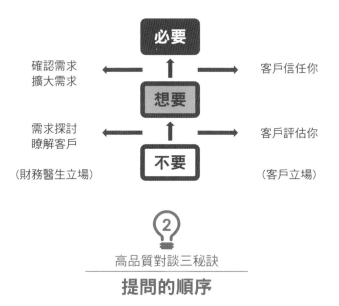

高品質對談三秘訣

提問的順序

從過去式問句出發　＞　再到未來式問句　＞　再回到現在式問句

高品質對談三秘訣

對談現場6步驟

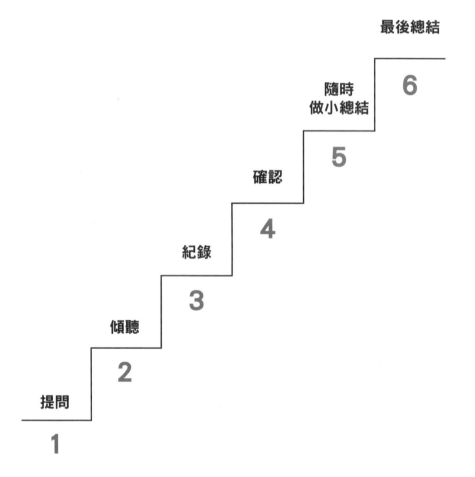

最後總結

6

隨時
做小總結

5

確認

4

紀錄

3

傾聽

2

提問

1

資產保全規劃問句元素一

逃避痛苦 不做的影響	VS	追求快樂 有做的影響
孩子對簿公堂	①	福分滿滿的一生
企業分崩離析	②	企業永續經營
孩子間感情四分五裂	③	孩子情感和睦團結
財產送給國家	④	財產永遠留在自己家
一輩子的遺憾	⑤	無憾的一生
悔恨的一生	⑥	值得後輩懷念學習的人

【資產保全規劃問句範本】

01. 在您周遭的朋友中，有沒有財富傳承的例子？

02. 在財富傳承過程中，請問您最擔心發生什麼問題？

03. 會影響您將財產安全傳承給孩子的情況，可能有哪些？

04. 如果子女守不住您辛苦創造的財富，請問您會怎麼樣？

05. 如果子女沒有能力接管您的財富，如何存續給您的後代？

06. 如果財產被您不想傳承的人拿到，請問您的感受如何？

07. 如果在財富傳承過程中，出現子女爭產的情況，您會如何因應？

08. 請問您如何避免子女對簿公堂，這樣的不幸發生？

09. 子女若是為了爭產不幸對簿公堂，他們會如何評價您？

10. 子女若是為了爭產不幸對簿公堂，對他們會造成什麼影響？

11. 離苦得樂之後，請問您的財產打算怎麼給、給哪些人、給多少？

12. 離苦得樂之後，請問您確定他們能夠拿到所有的財產嗎？

13. 如何規劃資產保全，才能確保財產依照您的意願傳承呢？

14. 您認為要怎麼做才能富過三代？

15. 如果讓您現在進行財富傳承規劃，請問您會考慮哪些工具？

16. 如果您的子女經營能力不足，無法守住您辛苦創造的財富，對於家族企業會造成什麼影響？

17. 將資產傳承計劃安排妥當，您覺得對孩子有什麼幫助呢？

18. 您覺得做好稅務規劃對家庭成員有什麼幫助呢？

19. 您覺得做好財產移轉規劃對家庭成員有什麼幫助呢？

【資產保全規劃問句案例】

高資產族群的財產往往多到用不完，卻還是不眠不休努力賺錢，跟他們討論資產保全傳承時，一定要仔細聆聽他們對財產的看法，瞭解他們的思維。那麼努力賺錢不可能毫無目的，壽險夥伴務必詢問客戶為何那麼努力賺錢？

得知高資產族群的想法後，我們就會瞭解，他們擔心的無非就是：財產無法順利轉移，兒孫無法成功守住，上一代辛苦累積的財產，子女為了爭產對簿公堂，導致家醜外揚等等。

因此，除了運用上述問句範本，深入瞭解客戶，對於資產保全傳承的需求與痛點；我們還要運用「三個家」概念，協助客戶進一步瞭解，資產保全傳承的重要性。。

基本上，現在與未來的財產最後一定會分配到「三個家」：國家、別人家與自己家。國家就是國稅局，子女繼承遺產前，第一個主動伸手拿錢的就是國稅局。至於遺產跑去別人家，可能是子女離婚造成部分財產被另一半拿走，或是子女經商失敗，導致資金跑到債權人身上。

當然，所有人都希望把財產留在自己家，這時必須先確認自家人的範圍，才知道如何進行資產保全傳承規劃。有什麼方法可以確定財產留在自己家呢？答案就是保險與信託。

　　接下來，透過壽險夥伴與客戶的對話案例，我們來示範如何透過提問向客戶說明「三個家」概念：

　　壽險夥伴提問：「陳董您好，不論您現在和未來的財產有多少、放在境內或境外，最後只會分配到三個家。請問您知道是哪三個家嗎？」（請停頓等待陳董回答，切勿插嘴。）

　　如果陳董真的想不出來，壽險夥伴就幫忙回答：「這三個家是國家、別人家和自己家。」然後再請問陳董：「您希望現在和未來的財產要留在哪個家呢？」（請停頓等待陳董回答，切勿插嘴。）

　　陳董應該會回答：「自己家！」

　　這時壽險夥伴要追問：「為什麼呢？」（語氣與態度要慎重堅定，並且拿筆紀錄，也要讓陳董暢所欲言，說得越多越好。）

當陳董在說話時，壽險夥伴要引導陳董說得具體一點，也要請陳董明確指出「自己家」有哪些人？

　　然後，壽險夥伴再追問陳董：「請問您百分之百確定，現在和未來的財產一定會留在自己家嗎？」（請停頓等待陳董回答，切勿插嘴。）

　　陳董應該會有所猶豫，最後壽險夥伴再平撫陳董不安的心：「陳董請放心，我和我們公司保證，能將您現在和未來的財產大多留在自己家！」

資產保全規劃問句元素二

逃避痛苦 不做的影響	VS	追求快樂 有做的影響
子女會有紛爭	①	延續財務生命100年
財富無法延續	②	有掌控權、分配權
子女紛爭、遺產變遺慘	③	可按自己意願分配
家族事業分崩離析	④	延續世代傳承
無法按自己想法分配、 喪失掌控和分配權	⑤	家族財富和經濟、關係和諧
留礙不留愛	⑥	留愛(祝福)無礙(糾紛)
錢給了不想給的人	⑦	避免財富減損甚至增值
無法入土為安	⑧	照顧你想照顧的人

資產保全規劃需求

1. 你努力一輩子的錢想留給誰，要怎麼給？

2. 有沒有想好誰會來接班，你希望財產是自己安排好，
   還是留給後代的人自己想辦法？

> 建議：你希望你的企業由誰來接？
> 建議：你對子女成為企業接班人的想法是？
> 建議：未來公司經營權要給誰？

3. 當有一天你不在時，你的子孫提起您時會想到什麼？

> 建議：你要後代子孫如何記得您？
> 建議：當你的後代子孫提起您時，他們會如何形容您？

4. 當你的曾孫這一代還能用到你的錢，而且還能叫出您
   的名字，你的感覺是什麼？

> 建議：當你的曾孫這一代還能用到你的錢，你的感覺是
> 什麼？

建議：當你的曾孫這一代還能清晰叫出您的大名，你的
　　　感覺是什麼？

5. 你知道你有幾個繼承人？

建議：你了解你有幾個法定繼承人？

6. 你知道你的第一繼承人是誰嗎？

建議：你了解你的第一順位繼承人是誰嗎？

7. 如果你這輩子努力打拼的財產，成為你媳婦的嫁妝是
　　什麼感覺？

建議：你的資產有沒有可能成為媳婦改嫁的嫁妝嗎？
建議：你的資產有沒有可能成為女婿再娶的本錢？

8. 當子孫要繳稅時，你希望錢從哪裡來？

建議：如果稅一定要繳，您希望拿誰的錢繳？
建議：如果將來一定要繳稅，您要用哪個財產來繳稅？

9. 當你辛苦大半輩子累積的資產，無法按照你的意願分
   配時，你的想法是什麼？

> 建議：當你辛苦一輩子累積的資產，無法按照你的意願
>   分配時，你的感覺是什麼？

10. 你想按照自己的意願，照顧你想照顧的人嗎？

11. 你希望你留下的資產，對子孫來說是"祝福"還是"
    紛爭"？

> 建議：您這輩子留下的財產是祝福？還是糾紛？
> 建議：孩子們拿到您的財產是祝福？還是糾紛？

12. 如果你昨天不在了，你對你的財產分配有什麼想法？

13. 什麼是你最重要的財產？

14. 你希望你的子孫怎麼記得你？

15. 你希望你的企業由誰來接？

16. 你如何保證人走的時候，錢是留給想給的人？

建議：你如何保證，你人走的時候，錢是留給你想給的
　　　人？

17. 如何確認資產，可以百分之百移轉給下一代？

建議：您如何確定資產，可以百分之百安全移轉給下一
　　　代？

18. 你認為財產怎麼分是公平？公平不公平重要嗎？

建議：你覺得辛苦一輩子累積的財產，要怎麼分配才算
　　　公平？
建議：公平不公平對誰比較重要？

十個深具說服力的轉介紹問句

01 請問您對我的規劃感到滿意嗎？哪裡滿意？

02 請問您覺得今天完成這項規劃，對您有哪些幫助？

03 請問您覺得今天完成這項規劃，對您的家人有哪些幫助？

04 請問您覺得我跟其他壽險夥伴的差異在哪裡？

05 請問您覺得我們的對談過程，跟您以往購買保險的經驗有哪些不同？

06 請問您平常的交友圈和家庭要買保險會找誰討論？

07 如果別人問起，請問您會如何介紹這麼完整的財務規劃？

08 請問您會如何介紹我呢？

09 如果您周遭有親朋好友想買保險，卻不知如何購買，能不能介紹給我，讓我有機會為他們服務呢？

10 做了這麼完整的財務規劃，請問您有什麼感受？

第四章

成功締結的關鍵

專業 VS 專業

　　至親好友在同業，客戶依然相信專業，即使客戶跟你相識不久，每個人要保護自己辛苦賺來的錢，想法與態度都是相同的。

　　客戶是科技業的專業人士，對於理財相當有主見的一個人，家庭結構圖有父母雙親，一個姊姊，配偶及 2 個孩子；本身很喜歡投資理財，尤其特別喜愛投資共同基金，認識他的時間是 94 年 8 月底，報名來聽我舉辦的財富管理講座；主題是：信託在家庭財富傳承，所扮演的角色。聽完講座後，他有留下一份問卷，課後的第 4 天跟他做電話約訪，客戶聽過我的課程，也非常清楚電話中我的來意，他馬上答應一周後碰面。

　　通常聽完講座的陌生客戶，能有後續的進展，八成都是在講座部分內容，觸動到他們內心某一部分的需求，所以容易約訪成功。第一次見面我根據他的問卷內容，做了訪前規劃表，從聽講座到做好信託規劃成交，用三個月的時間，我們一共對談了 5 次，講座後的第一個月，我安排跟客戶見了 2 次面。

第一次對談

第一次對談目的：要了解客戶為何需要規劃信託？

第一次對談：期待到達的位置 50。

這次對談總結：

1. 客戶對信託的看法，來自在美留學及工作期間的印象。

2. 在台灣信託實務操作有人這麼專業。

3. 打算運用每年贈與免稅額度，送到信託專戶。

下次約訪：約 10 天後見面

第二次對談

對談目的：確認客戶規劃家庭信託的必要性。

客戶位置：從 50 上升到 75。

這次對談總結（94 年 10 月中旬）

1. 家庭信託對孩子婚姻的保護作用。

2. 確定用每年贈與額度（每人 110 萬）規劃 2 個家庭信託。

3. 降低本身遺產總額節省遺產稅。

4. 下次討論信託專戶的錢，如何做投資理財。

5. 客戶希望今年年底前就把規劃做好。

下次約訪：約 15 天後見面

第三次對談

對談目的：討論信託專戶的錢如何做投資理財

這次的對談，客戶有問到進入信託專戶的錢如何運用？我沒有立刻回答這個問題，我會先問客戶這些問題：

問題一：您想在這個信託專戶裡，總共累積多少錢？

問題二：這裡面的投資理財是要有風險？還是無風險？

提問後耐心等客戶回覆，我還是拿著筆做紀錄

這位客戶問我，那你會建議裡面放什麼？

我的回答：放保險（瞬間發現客戶臉色大變）

他很直接地說：為何要放保險？那麼多錢全部放在保險？不能放在其他地方嗎？

我回答：會建議放保險，因為有高槓桿的財務功能及確定給付。

客戶說：我親姊姊也在做保險，而且做很久也是高階主

管，常常希望我買，我都覺得不划算，即便買也都是捧場性質，對於她的推銷方式很不認同。

這時我提出問題問客戶：除了覺得不划算以外，還有嗎？

此時客戶突然陷入沈思狀態，我一如往常安靜地看著客戶，等他開口，這是我最喜愛的時刻出現；大約經過 15 秒左右，客戶用他慎重的語氣跟我說：這個信託專戶的保險讓我再想想。

對談總結：

1. 客戶高度認同家庭信託設置的必要性。

2. 肯定我對家庭信託的專業程度。

3. 對於信託專戶的金融工具，保險有不同的想法。

然後我提出下次何時見面，客戶說我們再電話連絡。我們第四次見面已經是 12 月初，在這中間我也跟客戶打電話話約了三次，他一直說沒空，直到第四次才約到。

第四次對談

我準備好訪前規劃表，信託需求表規劃作業流程。

對談目的：確認及討論信託專戶的錢，如何做投資理財。

我還是提出關鍵之問：從上次見面到現在，對於你要做

的規劃，你有沒有新的想法？

客戶說：這個月我很用心地在收集資料，及請教別人，甚至問我姊姊，你知道嗎？我姐姐這個月來我家幾趟？總共來了八趟！也帶了公司高層懂信託的人來跟我談，我姊姊提到要買保險一定要找她買，這個月的心情真是錯綜複雜，也透過他們的說明及資料提供，我了解很多相關訊息。

我提問：你接觸了這麼多訊息，有符合你內心想要的嗎？

客戶說：有一點，但沒有全部！

我問：請問是那些？

客戶說：對於保險的功能，有更多的了解；但是對信託實務及細節部分，姊姊他們就跟你差很多，而且我提出很多信託方面的問題，他們回答的也很模糊。

我在這裡做了談話中的小總結：

1. 你對保險的功能又有更深的認識。

2. 對於你想要的規劃，對方並沒有充分滿足你的需求。

3. 想透過信託，來保護孩子們的婚姻風險及照顧他們。

我又問二個問題：

第一：透過信託及高槓桿的保險，能幫你解決你的擔憂嗎？

第二：你做這樣的規劃對誰的幫助最大？

在這次對談中，客戶決定由我來做規劃。

成交關鍵技巧：

1. 用心傾聽規劃需求及提出問題。
2. 每次對談整理前次面談的重點，及書面資料呈現給他。
3. 專業取勝。

這個規劃個案最後結果，客戶在銀行開了二個信託帳戶，先生及太太各一個，每年贈與 110 萬元進入信託專戶內，信託內的保單則是用投資型保險。

先生保額 3000 萬，保費 30 萬，其餘的錢則是用每月定期定額的方式，購買海外基金；太太保額 3000 萬，保費 24 萬，其餘的錢則是用每月定期定額的方式購買海外基金。在簽完要保文件後，我就問客戶說：為何選擇我，來為你規劃家庭的防火牆？

客戶說：因為你夠專業，能夠整體滿足我的需求。我從美國回台定居工作，就一直想規劃信託；在美國念書時同班同學中就有三個同學的學費，都是信託幫他們負擔，我也很好奇的問他們，為何你的學費是從信託付的？其中一位同學說：在他小學畢業時，父母親意外車禍死亡，他是由祖母照

顧長大成人，幸好父母親在生前有規劃好信託，讓他跟他哥哥生活無慮，也讓祖母在財務上及生活照顧，他們沒有後顧之憂。

我同學說他跟哥哥都是「信託寶寶」。這個同學的一段話，給我很深刻的印象及感動，所以我回台後，就一直在留意這方面的訊息，只是工作太忙都把這件事擺在旁邊；直到參加你的講座後，覺得好像找到了可以幫我做規劃的人，坦白說：我找像你這樣的人已經很久了，以後要麻煩陳規劃師的地方還很多。

我又問：請問姊姊那邊你如何處理？

客戶停頓了一下回答說：這個你不必掛心，我會有我的處理方式。（所以只要客戶下定決心向你購買，反對問題客戶自己會解決的，畢竟付錢是客戶自己。）

我們的價值定位：

壽險夥伴坐在客戶面前的表現，直接影響客戶對我們這行業的觀感及印象；每個人、每個家庭都需要透過保險這個金融工具，讓客戶個人及家庭，在風險來臨時有一筆立即的現金，協助這個家庭度過難關，維持家庭生活品質的穩定，也為這個家庭所有成員帶來希望。

堅持 VS 堅持

在台灣家庭成員中，具有美國稅務居民的家庭，大約有 25% 到 35% 之間；尤其是台灣醫師的家庭成員，如何運用台美稅務身分的不同，做好家庭財產傳承規劃，尤其是第二代都是美國稅務居民。

執業的陳牙醫師，家庭結構圖：配偶是家庭主婦，有兩個兒子，他們家的稅務身分：陳醫師是台灣稅務居民，配偶是台美雙重國籍（綠卡），兩個兒子已成年都是美國公民。家中的財務都是由學財務出身的太太在打理，太太在孩子小二時就帶著他們到美國求學，期望孩子有更好的發展。由於美國國會在 2010 年通過 FATCA 條款，這個條款引起陳太太的高度關注；因為涉及到陳家三人（太太及兩個兒子），相當嚴重的美國境外所得稅務問題，2010 年在美國聽了當地會計師及律師的講座，越聽越擔心；2011 年回到台灣開始整理他們家的財產情況，也來參加我的講座，會後陳太太很積極，詢問很多台美雙重國籍的稅務規劃。

馬上在現場就約時間，5 天後見面詳細討論。

我準備訪前規劃表，面對台美雙重國籍身分類型的客戶，在做任何建議前，一定要先確認幾個關鍵的問題：

　　1.家庭成員國籍身分是否會變動？
　　2.個人名下的財產分布在哪裡？
　　3.財產的種類是不動產或是動產？

　　財富管理講座會後第一次碰面，我的面談目的有二點：

　　1.了解陳太太家的財產四象限分布情況。
　　2.了解陳太太對美國稅務查核想法，第一次對談總共用了近120分鐘，陳太太說了近90分鐘，我差不多30分鐘，為何是這樣的比例？

　　因為我們在第一次對談時，一定要充分了解客戶的想法，才能有更正確的訊息來協助客戶做規劃。

　　陳太太在美國待了近20年，都知道美國查稅系統的執行力；所以非常擔心以前在台灣所得，沒有向美國 IRS 申報的問題，這次談完，過三天陳太太要飛美國，去處理美國境內的財產；要先用美國終生免稅額度，把不動產先移轉給兩個兒子，預計半年後回台。在這次面談中，從客戶口中得到

非常多的訊息，客戶說：她有一群華人朋友，其中有位香港移民到美國，因為漏報香港租金及股票收益所得，被連補加懲罰性罰款高達本金 70% 的金額。我心裡非常擔憂，萬一被山姆叔叔查到，那我這二十幾年來的辛苦就白費了！這個肥咖條款搞得我人仰馬翻啊！只要是像我一樣移民到美國的華人，通常都沒有申報在原來國家的所得及金融帳戶；當初移民過來，這裡的會計師也沒有教我們要申報，我兩個兒子從他們小時候就開始送錢給他們，他們在台灣開的銀行帳戶裡面賺的錢，也都沒有跟美國申報，這件事真是頭大，一想到這件事，晚上就睡不著。此刻我靜靜的聽陳太太說並做紀錄，這時候我就提出二個問題問陳太太。

你兩個兒子將來會不會回來？

陳太太答：不會。

如果不小心被美國國稅局查到，對他們在美國的發展會有那些影響？

這時候陳太太臉色馬上變得凝重，眉頭深鎖不語，我也安靜等著，大約經過 20 秒，陳太太終於開口說：對他們未來的發展影響非常大。

我又問：怎麼說？

陳太太說：在美國對於稅務方面的事，你只要被查到不

誠實或故意隱匿，你就會被記錄下來；以後要找政府工作，或重要的升遷機會都會被扣分，這樣對他們在美發展是相當不利的。

我又問：你兩個兒子知道他們在台灣有錢？

陳太太說：他們不知道。

問：如果被查到，他們會如何看待這件事？

這時候陳太太又陷入沉思狀態，大約過了幾秒，她說我過幾天要回去美國，大約半年的時間，等我回台後，我們碰面趕快把這件事處理好。

對談總結：

1. 確定兩個兒子不會回台灣發展。
2. 先處理美國境內的財產。
3. 要回台灣定居陪伴陳醫師。
4. 關於台灣財產部份，下次回台再詳細討論。這段期間就用郵件聯繫，關於這次的談話過程及結果，透過幾個關鍵性的問句，已經達到所謂的「意識上的成交」。因為客戶所擔心的、所害怕的，都已經呈現出來。

關鍵問句解析 1：

如果不小心被美國國稅局查到，對他們在美國的發展會有那些影響？

這個關鍵性問句重點在於：運用「被查稅」及「孩子的未來發展」，把這兩件看起來不相關的事，緊緊串聯起來。「被查稅」當然是非常心痛的一件事，錢再賺就有，銀行存摺數字減少，對陳太太心理衝擊的層面比較小；但是會影響「孩子的未來發展」這件事，因為父母親下的決定，導致影響到孩子未來的成就，對陳太太心理層面的衝擊就非常大；透過問句讓陳太太更清楚明白：這件事不單單只是繳稅罰款這麼單純，真正的內涵是跟孩子在美發展息息相關。

關鍵問句解析 2：

問句 1：如果被查到，他們會如何看待這件事？

問句 2：運用角色互換的技巧，延續問句 1 的力道，再從孩子的角度出發，來讓客戶感受到要做規劃的急迫性及必要性。

陳太太在回台前我們就約好見面時間，這次見面我有請

陳太太邀陳醫師一起，來了解整個規劃流程，同時請陳太太將他們家所有的保單整理好，陳太太的保險觀念非常好，陳家四人總共有 70 份保單。

再次面談目的：

1.運用陳醫師 220 萬贈與免稅額成立家庭信託。

2.調整陳太太在台灣的動產，移轉到陳醫師名下。

3.說明家庭信託的成立流程及相關費用。這次對談陳太太非常滿意，陳太太與陳醫師決定接受，我提供給他們家的建議方案。

規劃方案：

1.運用陳醫師無美國稅務居民身分，贈與給兩個兒子。

2.成立陳家的家庭信託，信託委託人由陳醫師擔任。

3.信託內的金融工具：美元保單（20 年期）。

當我幫客戶規劃好家庭信託後，我也會不定期跟客戶做年度資產檢視；在檢視年度資產過程中，都會帶入遺囑的概念，及公證遺囑在資產傳承中所能扮演的功能，我也非常高興，在 2019 年 1 月，協助陳醫師把他的公證遺囑也完成；感謝陳醫師及陳太太的信任，請我做他公證遺囑的執行人。

成交關鍵技巧：

1. 問對三個重要關鍵問句。
2. 客戶對保險觀念正確。
3. 對稅務專業知識的了解。
4. 熟悉信託實務運作。
5. 按部就班的營銷節奏。

我們的價值定位：

善用財產規劃中非常重要的信託、公證遺囑及保險三種工具。讓客戶能夠將他一輩子辛苦累積的財富，照著他的想法去執行，照顧他們想照顧的人，讓客戶的一生圓滿。

愛的延續

　　每個人都來自不同的家庭教育，生命的經歷也大不相同，會有不同的想法、價值觀、習慣、行動的產生那是必然的。所以先不用刻意急著表達自己，試著先走進對方的世界，你才能看清楚需求，用對方聽得懂的語言提問，你就會知道：你可以提供什麼樣的價值給對方，要瞭解客戶最好的方法就是多提問。

找出與客戶相同的頻率

　　吳老闆及吳太太是經營成衣批發，經客戶轉介紹認識吳太太。吳太太平時除了要管理公司的財務及零售業務，還需照顧孩子，工作與生活兩頭燒，多次想要約時間但不容易，藉由送年曆的機會到公司拜訪，順便了解吳太太的平常作息時間。這次拜訪主要目的：了解店內運作方式，收集資訊，找出未來見面的綠色時段。

　　我發現店裡最忙時段是上午 9 點到下午 3 點，3 點～ 5

點來店客人就相對比較少。經營店家就是有個優勢：就是非常容易見到準客戶，但如何掌握好客戶可以談話的時段，就是重點了！順手拿起電話邀約，在客戶最忙碌的時段想插話，那就是自找閉門羹了；我直接到店裡觀察，找出客戶綠色時段，每週二次與客戶見面，陸續成交客戶及延伸轉介紹客戶，為每位客戶量身定制的規劃，成交保費約 3000 萬。

如何站在客戶角度思考

想想我是在吳太太每天下午 3 點～ 5 點，這段時間碰面，雖然來店客戶量較少，但也無法出門，心裡有何想法及感受？她想做什麼而無法實現？吳太太比較早婚有兩個女兒，內心有何壓力及期待？

吳老闆是長子，有姊姊、二位弟弟、二位妹妹，爸爸媽媽已經早早退休，這也算是個大家庭。吳太太要如何與他們相處？她心中最想要解決的問題是什麼？她想要成就什麼？

可以運用提問跟客戶連結，及瞭解客戶的心中的需求。因為這些因素，都會直接影響這個個案銷售過程的質與量。

定位

　　每個人的一生就像個故事，你會想如何編寫自己的故事？你會想做出什麼轟轟烈烈的事蹟，留給下一代深刻的回憶？無奈多數人生命很平淡，沒有甚麼特別的豐功偉業可言。但是當我們靜下心想想？我們多數人，大多身兼多重角色，要如何扮演好這些角色？對自己和家人，你有想要完成什麼事情？生命的圓滿是什麼？如何不留下遺憾呢？

　　客戶過去的人生我們來不及參與，但當我認識客戶後，我希望我的專業，可以帶給他們超乎想像的價值，且讓客戶扮演好生命中最重要的角色，即使在生命的終點站也能圓滿無憾。

　　吳老闆 45 歲，吳太太 39 歲，育有長女 17 歲，次女 15 歲。吳老闆夫妻共同經營成衣批發買賣，是自營商，另有三名員工，年營業額近 1200 萬。擁有不動產 4 間，理財比例分配：跟會 60%、股票 10%、保險 15%、其他 15%。有親戚及鄰居在國×保險公司大部分保單是跟親戚購買。

讓吳太太成為我的客戶

經營過程掌握到客戶綠色時段運用，每週二次拜訪收集

資料，從客戶家庭的關係與互動，了解到吳老闆是個非常愛家，顧家的好老公好爸爸，家中的財務大部分由吳太太打理安排。業務員見客戶目的就是成交，但重點要知道決策者是誰？才不會遇到一堆拒絕問題，事倍功半。我寧願多花一些時間了解客戶需求，找到客戶哪方面需要我的價值服務？才能協助客戶，完成一生的財務目標。

機會

客戶想要甚麼？我想是很多方面的，需要一些時間收集資料，來更了解客戶需求；如何在每個綠色時段產生紅色效應？如何讓客戶信任我？我現在可以做的就是，在這段時間多請教他。我們談論工作、孩子、家庭範圍越聊越廣，每逢有社會時事新聞時，就是引導客戶看見問題最好時機。這段時間讓客戶感受有人陪她，也跟客戶分享我的學習。

客戶開店有時也會接觸到保險業務員，當客戶收到保險商品 DM、與建議書時會和我討論，問我對這商品的看法？

我問客戶：這商品哪點吸引你？

客戶回：利率看起來不錯。我問：除了利率還有其它覺得不錯的點嗎？

客戶回：優惠有 5%。我問：這些資料是誰提供給妳的？

客戶回：鄰居在國╳保險公司。我問：綜合剛才妳所說的，會想購買嗎？

客戶回：（表情停頓），覺得很不錯，那妳覺得如何？。

我提出：之前妳提過妳有買一些保險，大概知道保了哪些商品；但又不是很清楚，有多少保障及內容。我的建議先把保單做個總整理，再來下一步的規劃會更好。

客戶回：我親戚有幫我做保單整理。

我回：很好啊！我相信他會幫妳整理得很詳細，保單也是財產的一部分。但我要幫妳整理的，不只有詳細且要完整，而是針對家庭狀況，專屬的保單及財務健檢，相信會對妳了解妳家中目前財務規劃，會有很大的幫助；妳看我什麼時候來拿保單，到時候我會做一份保單簽收單給妳，避免保單交回給妳時有遺漏。

客戶回：好啊！不用等下次，我現在上樓拿。

我跟客戶說：妳剛才問我的商品，應該不急著買吧！

3 天後做好彙整資料，跟妳說明後再來決定好嗎？

客戶回：好的。為何當客戶讓我看國╳業務員給的建議書時，我沒批評沒搶單？我覺得這是最不好的銷售過程，也跟我的定位及提供的價值有所違背。

三個重要心得

第一、 得到客戶有意購買商品訊息，這個商品為何吸引她，讓客戶親口說。

第二、 取得保單健檢機會，進入財務規劃第一步驟；瞭解客戶目前的風險規劃及購買習慣，也讓客戶漸漸理解我的定位與價值。

第三、 得到客戶承諾，在我還沒跟她做保單整理彙報前，不會購買保險。為何 3 天內給客戶彙報？做事的每個細節都是信任的累積，也不要忽略競爭者的積極度，造成雙方的困擾。

如果你是客戶，希望看到什麼樣內容的彙報？

一般而言，保單健檢都由系統製作出來，內容彙整各家保險商品保障、理賠明細及儲蓄領回金額、還有繳費，這是客戶會在意的內容，也是再次購買點，所謂的補缺口。

我的作法：保單彙整，除了系統製作的各項表單，我還依照客戶角色，賦予責任對應家庭結構，所需的各項目標達成所需金額，資產負債表及客戶的願望；上述資料在平時就要收集，如有欠缺做彙報時再補上。還有受益人檢視與安

排，保單是否會有遺產稅與贈與稅，檢視有沒有專款專用，將來退休身體健康或不健康時的花費與照顧，花剩下的錢，如何照顧配偶及兩位女兒。

訪前規劃：

第三天如期要跟客戶見面，在見面前一天，一定要做好訪前規劃：資料再檢查一遍，是否有錯誤及遺漏的，想想明天見面要達到什麼期待？

拜訪的目的：

1. 提高客戶對我的信任：如何做？我會讓客戶清楚人生藍圖及現在資源在哪？在有限資源下，如何滿足客戶財務需求。

2. 與客戶同步到 75 分：客戶沒有明確需求是不會採取行動，看見客戶沒看見的問題，並能提供解決方案這是專業。清楚自己的拜訪目的才知道訪談方向，方向正確，才能跟客戶一起往 100 分邁進，切記只有客戶與你平行或超前，才能到達 100 分。

訪前規劃除了定下這次的拜訪目的，還有一個重點：列出至少 5 個客戶會提出的拒絕問題，相對你也要提出幾個關

鍵性的問句問客戶。拜訪前一晚好好沙盤演練，預演明天的狀況。

我為客戶整理出幾個重點：

1. 現有資源。
2. 面臨問題的經濟風險承受度。
3. 客戶希望的圓滿幸福人生。

關鍵問句：

如期與客戶見面，我敲好 90 分鐘，時間足夠充分說明。

見面寒暄 1 分鐘內完成，馬上進入主題：

我問：這幾天妳對於今天要討論的內容，有什麼想法與發現嗎？

客戶回：我們家的保障是不是不夠？

我問：妳為什麼會這麼想？

客戶回：之前親戚在做我的保單整理，有跟我提過。

我問：是哪方面不夠？

客戶回：我的保障，還有應該再增加儲蓄。

我問：那妳覺得呢？

客戶回：我覺得我的保障 50 萬夠了，買保險的錢要有去有回，不能吃到本。

我心中想這是客戶的價值觀與購買習慣，了解到這點，我想我該如何進行面談，暫不處理客戶的價值觀（50 萬就夠），先理解就好；當我談出規劃價值時，個人保障額度的問題就會變得很小。

先說客戶心裡想聽的話：讚美客戶在家庭及公司的付出及扮演著多麼重要的角色；老公對她充滿信任，把家中財務及決策都交由她處理，接下來我要說什麼？展開今天彙報說明嗎？不！除了讚美之外還要繼續肯定。我說：妳們夫妻同心打拼，尤其妳的用心持家，依你們的年紀，有這樣的成果實在不簡單，讓很多人羨慕。

客戶回：我們有搭到好時機，平時太忙也沒亂花錢、亂投資，賺到的錢就買房子，同時也買一些儲蓄保險；我們有些同行賺到的錢，就去投資其他產業，賠了很多錢。這段話客戶在傳達什麼訊息？

客戶實實在在做事，相對投資也比較保守，才可以讓他們累積現在成果。這樣的習慣，對我的規劃是有加分的。

我問客戶：妳希不希望未來更好？

客戶回：當然希望啊！每個人不是都這麼想嗎？

我回：是啊！我也不例外。

我再問：怎麼保證，能保住現有美好且讓未來更好？這時，無聲勝有聲，客戶沒有馬上回答，我也不急著搭話。我說妳想想這很重要。過了一會兒，客戶問：那你有什麼好方法嗎？方法因人而異，就像醫生診治病人因喉嚨發炎，醫生會開消炎藥，但是劑量會因人而異同。我希望今天的彙報，能帶給妳人生有更清楚的藍圖，讓妳的每一步都走得更穩健。

客戶說：雖然目前生活經濟狀況不錯，也累積一些資產，但要說富有？也還不到那種程度，將來也充滿不確定性，未來的經營環境也很難說。

我問：在管理財務有那些擔心嗎？

客戶回：就是未來不確定性吧！

我問：妳覺得目前做什麼事情會讓你放心？

客戶回：財務要更健全，客戶斬釘截鐵的說。之前有些貨款被倒，雖然金額只有幾十萬不是很大，另外因為相信朋友，盲目投資也損失將近百萬。即便如此財務還好沒問題，至少小孩能有好的成長環境，老公也可以安心做他興趣的事。

為何我要一再確認，而且要讓客戶說出口，因為客戶親自說的才是她在意的點。接下來進入彙整說明時，我就能掌握對談的核心。

展示說明

吳太太保單彙整已經做好了，請妳核對清點保單數量，核對保單號碼。

接下來我會說明與你討論一些議題，不清楚的地方我也會提問，可以嗎？

我開始畫家庭結構圖，讓客戶看到家中成員。

我問：誰是妳生命中最重要最在意的人？

客戶回：我女兒和老公，還有我媽媽。

我問：所以生命中喜樂會一起分享，擔憂也可能會共同承擔嗎？

客戶回：目前狀況我和老公承擔，我媽媽年紀大了，小孩還在讀書。

我問：以現況來看妳和老公是承擔者，大概要幾年才可以放下這擔子？

客戶回：我想要 10 幾年吧！因為我的經濟狀況還可以，所以媽媽和弟妹有需要我的話，我也會幫忙。

我說：妳真是好女兒好姊姊，我想只要妳能力可以，這個擔子會繼續承擔下去。

我問：這個擔子有誰可以幫妳扛？

客戶回：我已經很盡力做了，到時候就由弟妹來承擔。

我說：所以父母孝養就由弟弟和妹妹來接手，這是你想到的方法之一。

客戶回：我有一些資產還有保險應該沒太大問題。我說：所以你現有的資源就相當重要囉！

我們現在就來檢視妳的人生目標有哪些？資源夠不夠？

我問：二位女兒的教育預計栽培到什麼學歷？一個17歲一個15歲，未來教育費用需要花多少錢？

客戶回：讀到國內研究所一個人大概120萬。

我問：加上生活費用要多少錢？

客戶回：一個人也要100多萬，看怎麼消費。

我說：大概一個人起碼要準備多少才夠？

客戶回：起碼一個人要200萬，2個人要400萬。客戶這時表情有點驚訝，當時並沒有算得很仔細。我會以客戶的數字為依據，除非客戶有對子女高等教育出國深造的需求時，再做引導。

我問：父母孝養金呢？

客戶回：我爸爸不在了，媽媽有耕作還有一些收入，公公、婆婆是公務員退休，平時生活沒問題。長輩我會在固定特殊節日給個紅包，所以不用擔心。

我說：了解。

我說：接下來談談妳，如何照顧自己不健康的時候，你身邊有這樣的經歷嗎？

客戶回：有啊！我爸爸肝病住院開刀，都是我媽跟弟弟輪流照顧，後來請看護輪流照顧，每次住院看護費用都要1萬多元，也花了20幾萬而且還用農保，這筆錢也是我付的。後來爸爸身體越來越虛弱，生活起居都需要媽媽照顧，總共住院10幾次，後來也走了。

我說：妳辛苦了！有妳真好！

我問：爸爸生病到離開有多久時間？花了多少錢？

客戶回：大概6年，花多少我不記得，光是我支付的大概就30幾萬。

我問：所以這樣的親身經歷，妳有何感想？

客戶回：在那時候做保險的親戚來找我，我和老公就買了醫療險。

我問：那二個女兒呢？

客戶回：小孩子很健康不用規劃。

我回：了解。

接著問：所以發生類似醫療妳不會擔心，也不用擔心自掏腰包付錢？

客戶回：那妳幫我看了保單保障是否足夠吧！

我回：我都整理好了，看彙整表之前，我需要了解妳之前的規劃跟配置，是否有對應到妳的各項目標需求？

我接著問：有跟老公討論過打算幾歲退休嗎？開始準備了嗎？

客戶回：還沒想過退休這件事。

我回：這也是人生重要規劃之一，日後再跟妳分享。對於退休議題今天先做鋪成，等日後再針對退休議題詳細討論。

接下來我來報告保單彙整：在剛才家庭結構圖裡清楚看到妳和老公想照顧的人。我相信只要你們夫妻倆還在，店繼續正常經營，應該不會有太大問題。以我的了解，廠商方面大部分是老公在處理，店裡的銷售跟帳務是妳負責。你們扛起整個公司營運，以及家庭所有的經濟；假如昨天妳不在了，

保險公司會理賠 50 萬的理賠金給受益人。

如果老公保險理賠金是 230 萬。我們先不談情感面，以實務上妳有何感受？接下來妳要面臨處理的財務問題有哪些？妳一一列下來，你需要多少時間，公司才能像往常運作？公司與生活不受影響？你會有什麼擔心的事？不改變現有的一切最重要的核心是什麼？有什麼資源？

這時客戶沈默思考一會兒，就說：有房子 4 間，市價大概 2000 千萬，股票有 200 多萬，貸款只有 400 多萬，租金收入每個月 2 萬，應該沒太大問題吧。

我問：假如老公不在了，生意會不會受影響？

客戶回：沒想過這問題。

我問：到時你最大的壓力會是什麼？

客戶回：如何維持店的生意，員工薪水，還有生活費……。

我問：要解決財務需求最好的方法是什麼？

客戶回：錢啊！

我問：所以現金可以讓妳經濟壓力減低嗎？

客戶回：當然啊！

我問：妳有算過一個月的必要支出嗎？ 3 個員工大概就

要 9 萬，小孩教育 1.5 萬，生活開銷 5 萬，保費 2 萬，房貸還款本利 3 萬，其他 1 萬，現金存款不多只有 100 多萬週轉金，算一算一個月要 20 幾萬。

我說：你們這家公司最重要的核心，就是吳老闆和妳。少了哪個人都會影響經濟，認同嗎？客戶點頭。一筆足夠的現金，對妳的家庭有何影響？

客戶回：生活能穩定，我壓力不用那麼大。

我問：起碼現有的生活不會被改變，是嗎？

客戶問：我現有的規劃還不夠嗎？

我回：除了公司的現金流，租金收入，股票，週轉金，房子，還有先生保障 230 萬，您個人 50 萬保障，終身醫療，當現金不夠用時你會如何做？會賣掉不動產或增加貸款嗎？這是妳和吳老闆願意看到的結果嗎？財產來源有自己累積和上一代留下，資源當然要在需要的時候，自己可以決定使用，但是在你們這一代如果因經濟發生問題，無法保有現在財產是不是很可惜？花錢很容易，錢要存得下來存得住，需要做好風險規劃再來財富管理。規劃因人而異，所以我想更了解你和老公最在意的事，是想完成什麼？最在意的人是誰？希望女兒如何形容爸爸、媽媽？

客戶問：那我要怎麼做？

我問：妳和老公希望未來更好嗎？

客戶回：當然想。

我回：好的，那過程需要你配合的就麻煩妳了。

客戶回：沒問題。

經過一週協助客戶完成家庭責任，個人醫療，員工意外險，保費 20 幾萬，陸續成交退休規劃 36 萬，員工也成為我的客戶。由吳老闆夫妻延伸 16 位客戶，累積保費約 3000 萬。經過 10 年的經營，客戶很滿意當初我為他們家所做的規劃，這群客戶也都成為我要好的朋友，客戶遇到重要且無法決定的事情，也都會找我聊，聽聽我的看法及建議。

總結：以終為始，要擁有幸福人生需要哪些條件？

習慣用提問瞭解客戶真正的想法及需求。

我的專業可以協助客戶，看見他沒看到最重要問題，並且提供解決問題的方法。

為客戶做好財務規劃，讓客戶財務更穩健且無後顧之憂，享受人生。我們最大的價值並非提供客戶商品，而是帶給他們高枕無憂的餘生。

精準提問、喚醒需求

在工作上曾接觸過許多白手起家、事業上頗有成就的中小企業主，但是身為父母在這個角色可能不盡完善；想成為一個稱職的爸爸、媽媽或阿公、阿媽的角色，完整他對孩子的愛；就是要命中他內心深處，欠缺的那個點，讓他們的人生能夠更圓滿；在他們內心深處需要後代子孫們的肯定與敬重。做一個長輩如何透過保單規劃，確定實現對後代子孫具體的愛，而此時此刻客戶真正要的不是保險，而是透過保險這個金融工具，確定可以執行對後代子孫的愛。在華人社會文化裡面，很多父母親都願意犧牲一切去成就小孩，這個對談關鍵三問，就是要從孩子們的角度來出發。

提到錢抵死不從的客戶

三年前我認識一位資產大約三億左右的中小企業主，客戶家庭結構有三個孩子六個孫子，這位客戶全家 14 個人，一年總繳保費不到 30 萬。第一次有機會取得面談時，他絕口不願意透露他目前的資產狀況，只說現在身上沒有現金，

所有的錢都在投資，而且正打算跟銀行借錢，客戶大概深怕我沒聽到，這次面談，客戶重複講了五次「他沒錢」；甚至還提到決定跟他太太在有生之年，要把財產全部花完，不留給子孫，因為過去已經給他們不少錢了；當時客戶有意無意說了這麼一堆似真似假的情況，我還是努力全部都記錄下來，希望能做下次面談的重點。

　　第二次見面已經間隔兩個月的時間了，我把上次面談重點摘要遞給他看，他沒有馬上看，就直接說那句熟悉的話「我沒錢」；我依然按照對談的 SOP 步驟，遞給他那前次的談話重點記錄表，他拿起來認真看了三分鐘，我很仔細觀察著他的表情，他的臉部表情時而皺起眉頭，時而嘴角稍稍上揚；當他看完談話重點書面資料時，就提出一個問題問他：
　　客戶先生你目前沒有錢做規劃，所有的錢都在投資，請問您賺錢的目的是什麼？

　　問完話之後我運用停頓的力量，用我平和自信的眼神看著他，我注意到他臉部的表情，有不一樣的變化大約是 0.5 秒的瞬間，一閃即過；他又繼續說：他現在沒有錢做規劃，然後又開始談他的投資項目，說起來眉飛色舞講了大約 30 分鐘，而我依然認真在做紀錄，偶而抬起頭回應他一下，客戶表達的內容越詳細，收集到的資訊越多，等到有一個空

檔，我又提出相同的問題請他認真思考。

請問您賺錢的目的是什麼？

第二次提出相同的問題，這次客戶的反應稍微愣了一下，大約 2 秒鐘後他告訴我，他從來沒有認真想過這個問題，也從來沒有人，這麼直接問他這個問題；客戶轉而開始聊年輕白手起家，辛苦創業的心路歷程，這次又說了將近 40 分鐘，我很認真在做紀錄簡單回應客戶，我看時間已接近約定好談話時間，這時我又再次提出這個問題。

請問您賺錢的真正目的是什麼？

再一次提出同樣的問題，客戶此時突然陷入沈思的狀態，對談氣氛頓時安靜下來，時間好像在這裡停住了，整個氣氛凍結起來，這個時間大約是 40 秒左右；這 40 秒我耐心等待客戶開口，這是對談中最關鍵的時刻；我知道對於這個個案的面談，客戶已經被這簡單又直接的問題軟化了；經過 40 秒後客戶開口說，這時他的語氣非常緩和而且很慢，客戶說：無非要多留一些給孩子們。

接著我又提問：

您如何確保您的財產，都能夠在孩子的手上？

客戶當下並沒有直接回應這個問題，我想這問題留著下次對談時再跟他提出來討論。

離開前 10 分鐘，我做今日對談總結。

1. 一開始說目前還沒有閒錢做規劃。

2. 本來要把錢花光的。

3 現在還這麼努力賺錢，就是要多留一些給孩子。

4 創業艱辛守成不容易，錢不能缺角（台語）。

這是第二次對談的部分過程，從第二次到第三次對談時間，已經過了 1 年，中間經營維護大多用 Line 提供一些稅務、社會時事案件，供這位客戶參考。

最後這位客戶從認識到成交總共對談 6 次，時間 2 年，最後成交 2 張 10 年期 220 萬保單，夫妻各一張；這 2 張保單特色是有分期給付功能，身故受益人是 6 位孫子。

回顧整個經營過程：

最關鍵的因素，在第二次面談中，我用一個簡單的問句重複問了三次，就是問客戶賺錢的目的是什麼？這個問句開啟客戶內心最深層的願望，也喚醒客戶，願意開始了解財產安全傳承的意願及作法，

在客戶簽下要保文件後，我就很好奇問客戶：第二次到第三次中間跟他約見面，他都說沒空，原因是什麼？

（以下這段話是客戶最真實的心聲）

客戶說：不是我不想見面，而是我還沒想清楚這件事，跟你談也不知道該如何談到重點；自從那次你問我那個問題，（我回問客戶哪個問題？）就是問我賺錢要幹嘛？（客戶的語言），這個問題讓我想好久喔！

其實這一年多也有很多銀行的理專常來找我談，要我買保險的事；我也有去聽了幾家銀行舉辦的說明會，當我決定要了解這件事情時，我一定會做足功課。在還沒認識你以前，我都不想浪費時間在這上面，以前我一聽到保險這 2 個字，耳朵就自動關閉起來，根本聽不進也不想聽；你也知道我的個性只要我想做的事，我一定要親自了解清楚，才知道要做什麼，做了後成功機會比較大；我以前的想法，為何要

拿錢給保險公司用？錢放保險根本算不合（台語）；這次先做這些金額，以後再看看。

成交後的動作（簽要保文件後），記得再次喚醒，這個規劃對客戶他們深刻的意義。

1. 做出總結，重複剛剛客戶回答的話。
2. 說出孩子無法對父母親說的話，這時候時你就扮演當他的孩子，然後代替他孩子，感謝爸爸或媽媽這樣用心為他們著想。
3. 說明後續的行政流程。

可能要體檢或生存調查，一定要在這邊全部講清楚。

簽完所有文件時關鍵問句：

1. 當你決定完之後，請問現在的感受如何？
2. 這麼好的規劃，你覺得周遭的朋友當中有誰需要？

成交面談的小技巧

財產四象限

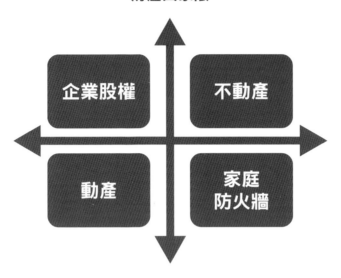

　　在面談時，你隨時要準備這張財產四象限，這是你工作價值的體現，也會讓客戶非常清晰，他做這個規劃是在做哪個象限，他將來的財產如何配置，整個財產配置的比例有多少？

　　這張財產四象限，在每次對談中幾乎都會畫給客戶看，當你問完停頓的時候，客戶還有想法或是在思考的時候，一定要耐心等客戶回答，因為你一定會有說明的時間，請勿急著說話。

我們的工作價值，就在幫客戶規劃防火牆這部分，無風險，確定可以照顧自己、及傳承給家人的財產；有時候客戶經常會離題，財產四象限是我的對談時的定錨，隨時把客戶拉回對談的重心，幫客戶規劃好右下角的財產象限，這是我的優勢與強項。我經常跟客戶說，財產四象限中三個象限你都比我專業，比我會賺錢、比我會投資理財，但是規劃這個防火牆財產，我是最專業的，實務經驗也最豐富。

實務上，客戶在面談一、面談二及成交面談有任何拒絕問題，我會隨時提醒客戶，請問你現在是在談哪個象限的規劃？

客戶的思緒經常會跑掉，當你跟他討論時，他可能隨時想到，我的哪家企業股權要給誰？哪間不動產將來要給誰？誰都不知道當下客戶腦中想些甚麼？所以你心中必須有定錨，一旦客戶提出話題外另類想法的時候，你就要跟他確認；請問您現在跟我講哪個區塊，是這個嗎？

財產四象限是確保你的核心價值所在，從頭到尾都是在做這件事，永遠都是在做這件事，這是定錨，讓你自己非常穩定。

對談現場就是提問後傾聽，而且停頓，然後做記錄，再來隨時做小總結；這個小總結，在溝通上是檢核跟確認，非常重要，這樣的動作需要經常練習，一次對談最後一定要做出至少三個總結；我們為什麼要做總結，這個叫關鍵五分鐘，不管你跟客戶談多久，你都要做總結。

　　總結的好處是什麼？
1 讓客戶對你印象深刻。
2 讓客戶以後想到要做規劃都會想到你。
3 讓客戶感覺到很專業，跟其他的人不一樣。

　　做好總結一定可以建立你的競爭障礙，同時也要讓客戶知道，你今天所敘述的，我都有很仔細的傾聽；而且我最後還跟你做核對，我所記錄的，是您要表達的意思；在對談整個過程中，有時候前面討論的內容，客戶會忘記說了什麼重點，最後這五分鐘的總結，是在建立提升專屬於你的競爭障礙。

我們的價值定位：

　　不斷的練習提升對話品質，提供一個有系統、有脈絡，可以依循的方式，建立一套標準的 SOP，有一定的標準來檢視你每次的對話品質；在這樣的系統下，對談品質才會逐漸提升，所以你自己才是最好的教練。讓我們每次面對客戶時都能精準掌握到客戶的規劃需求，進而掌握到對談品質，讓接觸到的每個人，都能安心成為我們的好客戶。

在壽險事業中找到更好的自己

想要出這本書的初心，是因為在這個行業將近三十年，受到這個行業栽培，也在這邊成長茁壯，並且透過許多理賠案件，深深感受到這個行業的偉大及工作價值。因此，我希望能把過去一點一滴的經驗，可以奉獻給在這個行業努力不懈、願意讓自己更好的人，包括過去曾經失去目標，及對未來懷抱著理想，即將進來的壽險夥伴。

　　如何讓這一生的時間價值發揮到極致？有兩個問題是我踏入壽險業至今一直深深思考的，也就是這兩個內心存在的問題，鼓舞我一直向前行，我也提供給各位壽險夥伴參考，這是屬於你們自己的內在信念指引：

你希望在壽險事業中成為什麼樣的人？
你希望在自己人生中成為什麼樣的人？

　　我曾不斷地自問：為什麼當年會在股市裡輸掉那麼多錢？也或許是因為那段不堪回首的過去，讓我能真正的用心珍惜壽險這份工作；壽險業是個能認真逼迫自己思考的好環境，我為了在這個行業生存下來，必須磨掉個性中許多最原始的層面，改變行事風格與思考方式，才能找到成功模式。

　　就在持續的成長、改變、與自我對話中，我要特別感謝

前公司安泰人壽提供的教育訓練。在民國 84 年的一堂自我探索心靈課程，老師引導我為自己寫下一段「墓誌銘」，做為期勉自己的目標。同時我也希望，有朝一日離開這個世界時，親人、朋友和客戶能夠如此評價我這個人。當時，我是在一張圖畫紙上寫下了這段墓誌銘：

　　躺在這裡這個人，這一生不虛此行……因為他幫助過每一個人，他所認識的人及不認識的人，找到屬於他們真正生命的價值，及生命前進的方向……因為他為台灣攝影界，造就了許許多多的人才，也讓台灣攝影界，在世界攝影界佔有一席之地……因為他的一生，全然奉獻給台灣這片土地上的人。

　　民國 104 年的某一天，由於住處準備翻修，我在整理書房時，看到這張塵封已久的墓誌銘。我痴痴地凝視著它許久，看著看著眼淚不由自主就掉下來了。這二十年間，雖然我持續地做這件事 **「教導別人如何提問」**，感覺很陌生又很熟悉，感覺很懷疑又很篤定，有時不是很清楚自己到底在做什麼，直到這個時刻終於明白了。透過淚水的洗滌，讓我的內心更加清澈，因此我修改了自己的墓誌銘：

成為別人生命中的貴人，引導我認識、不認識的人，透

過「自己對自己提問題」的方式，讓他自己找到自己的生命價值、意義、熱情及生命前進的方向。

這些年，我經常往來台灣和大陸各地授課，協助許多人（大多是我不認識的人）學會提出問題，透過提問找到自己生命的意義與價值。我衷心期盼，這本書不僅能為你帶來事業高峰，讓你擁有更好的對談能力，服務更多客戶，協助他們的一生圓滿，也讓你成為客戶一生信賴的財務顧問，同時贏得客戶的尊敬與信任。

我期許我的後半輩子推動每個人【從說到問】的習慣，我自己有開發出許多的提問課程，也歡迎各位邀約提問課程，期待在課程中與各位相遇互動學習。

最後，我希望透過這本書，引導你找到自己生命的價值、意義、熱情與方向，也希望看過書的所有人給我指教，讓我們相互成為生命中的貴人！

企管銷售 44

誰是你最好的教練

37.8 倍的複利創造永續附加價值

‧‧‧

- ‧作者　　　陳文城
- ‧主編　　　彭寶彬
- ‧美術設計　張峻榤

- ‧發行人　　彭寶彬
- ‧出版者　　誌成文化有限公司
　　　　　　116 台北市木新路三段 232 巷 45 弄 3 號 1 樓
　　　　　　電話：(02)2938-1078 傳真：(02)2937-8506
　　　　　　台北富邦銀行 木柵分行（012）
　　　　　　帳號：321-102-111142
　　　　　　戶名：誌成文化有限公司

- ‧總經銷　　采舍國際有限公司 www.silkbook.com 新絲路網路書店

- ‧出版 / 2020 年 11 月 初版
- ‧ISBN / 978-986-99302-0-8 平裝）
- ‧定價 / 新台幣 320 元

國家圖書館出版品預行編目 (CIP) 資料

誰是你最好的教練：37.8 倍的複利創造永續附加價值
/ 陳文城著 .-- 臺北市：誌成文化有限公司, 2020.11
　　256 面；17*23 公分 .--（企管銷售；44）
　　　ISBN 978-986-99302-0-8(平裝)
　　　1. 保險業 2. 保險仲介人 3. 職場成功法

563.7　　　　　　　　　　　　　　　　109018029